Des lobbys au menu

Les entreprises agro-alimentaires contre la santé publique

RAISONS D'AGIR ÉDITIONS
5, rue de Charonne, 75011 Paris

www.raisonsdagir-editions.org
raisonsdagir@gmail.com
ISBN : 979.10.97084.25.7

DANIEL BENAMOUZIG
JOAN CORTINAS MUÑOZ

Des lobbys au menu

Les entreprises agro-alimentaires contre la santé publique

RAISONS D'AGIR ÉDITIONS

AVANT-PROPOS DES ÉDITEURS

Le lobbyisme fait l'objet, en France au moins, d'une réprobation générale : cette pratique qui consiste pour des agents économiques puissants à utiliser les moyens les plus divers – et souvent les plus pervers – pour exercer une influence sur les décideurs politiques afin d'établir un cadre juridique favorable à leurs intérêts propres, suscite la plus grande défiance, mais aussi un véritable sentiment d'impuissance, tant leur emprise semble inéluctable, et difficile à contrer.

L'oxymore de la *corruption légale* semble le mieux adapté pour désigner les activités des groupes de pression. Aussi surprenant que cela puisse paraître, le lobbyisme est bien une pratique officiellement reconnue et réglementée dans de nombreux pays. Alors qu'il a acquis une existence légale depuis longtemps dans le monde anglo-saxon et au niveau européen, c'est en 2009 qu'il est réglementé, et donc légalisé, en France. Les groupes d'intérêts s'y trouvent soumis à un « Code de conduite » et ils peuvent s'enregistrer officiellement pour être présents à l'Assemblée nationale ou au Sénat.

Si cette reconnaissance officielle a pour le moins l'avantage d'en faire l'objet d'un contrôle, ce livre de Daniel Benamouzig et Joan Cortinas Muñoz montre qu'au lieu de fournir de l'information aux décideurs publics, les lobbys renforcent le pouvoir dont les entreprises disposent pour imposer leurs intérêts face à des consommateurs qui ne disposent pour ainsi dire jamais des ressources pour défendre – ou plus exactement construire – leurs propres intérêts. Il est d'ailleurs assez stupéfiant de voir les lobbyistes ériger le rôle de l'*UFC-Que Choisir* en modèle de progressisme, alors que cette association constitue l'incarnation tout à fait exceptionnelle d'un lobbyisme des faibles qui parvient parfois à peser sur les forts.

Le cas de l'agro-industrie étudié dans *Des lobbys au menu* est important à plus d'un titre, tant les questions d'alimentation sont parasitées par les effets dramatiques du lobbyisme du secteur sur la santé publique. Il y en aurait d'autres bien sûr et, les coûts exorbitants du lobbyisme de l'industrie pharmaceutiques en constituent une illustration non moins marquante, alors même que celle-ci fait l'objet de contrôles plus serrés – on pense notamment aux brevets hautement lucratifs dont un cas particulièrement scandaleux est présenté dans l'ouvrage d'Olivier Maguet à propos des médicaments permettant de soigner l'hépatite C[*].

Les transformations du secteur agro-industriel et de ses techniques de production ont permis de mettre sur le marché des aliments, certes peu chers, mais « riches en graisses, en sucres et en sels ajoutés, apportant des satisfactions faciles[**] ». Et le prix n'a pas été, loin de là, le principal instrument de la propagande par laquelle le marketing alimentaire a favorisé un modèle industriel qui conduit non seulement à une consommation de produits alimentaires excessive en quantité, mais aussi de pauvre qualité nutritionnelle. Les promoteurs du soutien public à l'industrie alimentaire ne reconnaîtront sans doute jamais que leur action conduit à une déformation des goûts par l'apport de produits addictifs, et c'est l'idée même d'une information transparente et accessible à tou.te.s, qui est corrompue, en toute légalité, par les lobbys.

* Voir O. Maguet, *La Santé hors de prix: l'affaire Sovaldi*, Paris, Raisons d'agir, 2020.

** F. Étilé, *Obésité. Santé publique et populisme alimentaire*, Paris, Éditions Rue d'Ulm, 2013, p. 9.

L'inégalité devant les informations utiles, mais volontairement cachées pour avoir un peu la maîtrise des effets nutritionnels de modes de consommation imposés par l'agro-industrie, démultiplie en réalité les inégalités sociales au détriment des catégories les plus défavorisées en matière de pouvoir d'achat mais aussi en termes d'information et de capacité à maîtriser l'information. Alors que l'alimentation est un problème central de santé publique, l'emprise de l'agro-industrie sur les politiques publiques de santé est telle que, dans certains cas, elles tendent à se substituer à l'État, en faisant obstacle à la mise en place d'interventions favorables à la santé publique.

Des lobbys au menu montre dans quel souci du détail se situe l'industrie alimentaire pour y parvenir : non contente de peser sur les normes de production, elle fait tout son possible pour contrôler les conditions de production et de diffusion de l'information. Les lobbys de l'agro-alimentaire sont actifs à tous les niveaux : étiquetage nutritionnel, limitation de la régulation des dispositifs marchands, freins aux politiques agro-industrielles favorisant la qualité des produits. Bien plus, si les questions de santé publique résistent sans doute plus que d'autres à la volonté de manipulation des lobbyistes, ils trouvent un levier extensible à l'infini dans la promotion du « plaisir gustatif » et de la « gastronomie française » qui n'a pas, en première vue au moins, à rendre des comptes à un point de vue objectif et incontournable.

Pour comprendre ce double jeu qui rend l'action des lobbyistes de l'agro-alimentaire insaisissable, il n'est pas besoin de chercher des « révélations » (même si, en réalité, les scandales ne manquent pas en la matière). Il faut, comme le montrent les auteurs du présent ouvrage, revenir à des situations ordinaires et, sur la base d'une enquête sociologique rigoureuse, proposer de nouveaux outils de connaissance pour l'action politique. Les mécanismes par lesquels l'agro-industrie impacte les politiques nutritionnelles et la décision publique ne se situent pas seulement dans les antichambres du pouvoir et dans les couloirs des parlements. Ils se développent à tous les niveaux de la « chaîne de production alimentaire » : dans la fabrication des savoirs et des catégories de pensée en matière de santé publique, à travers les relations tissées par le secteur agro-industriel avec des chercheurs au service d'une expertise complaisante ; dans la production d'arguments juridiques destinés à limiter les mesures régulatrices en matière d'étiquetage nutritionnel ; ou encore dans l'attaque de personnalités considérées comme gênantes pour les intérêts de l'industrie.

Parmi l'ensemble des moyens de lutte possibles contre les lobbys agro-industriels, ce livre montre l'importance d'une *régulation des marchés alimentaires*, où le rôle de l'État ne devrait plus se cantonner à garantir l'approvisionnement mais s'attacher à protéger fondamentalement la santé publique et à restaurer l'autorité de l'État, en matière de production de connaissances et d'information, de promotion de normes alimentaires de réglementations officielles dotées de capacités de contrôle. Il ne s'agit pas d'attendre des industriels qu'ils fournissent à ceux qui gouvernent et à ceux qui consomment, une information objective et neutre, parce qu'ils seraient les mieux placés pour le faire, du fait même de leur position de producteurs. En réalité, les informateurs sont aussi ici des formateurs, qui formatent les « goûts » des consommateurs à l'aune de leurs intérêts de producteurs, au détriment de la santé publique. Les lobbyistes des entreprises les plus puissantes, avec l'assentiment de gouvernants aveuglés par l'idée d'un consommateur parfaitement maître de ses choix, s'arrogent le droit de déposséder le consommateur de sa capacité de choisir, c'est-à-dire d'avoir accès à la maîtrise collective et avertie des conditions dans lesquelles il peut choisir en toute connaissance de cause.

INTRODUCTION
Au-delà des conflits d'intérêts

En mai 2021, l'entreprise Yuka est condamnée à verser 25 000 euros à la Fédération française des industriels charcutiers-traiteurs. Celle-ci lui reproche d'avoir diffusé *via* sa fameuse application une pétition demandant la fin de l'utilisation des nitrites dans les charcuteries. Des pratiques commerciales déloyales, voire mensongères sont imputées à Yuka. L'application permet à ses utilisateurs de scanner les codes-barres de produits alimentaires pour en identifier la teneur en sel, en sucre ou en gras, ainsi que les additifs, les allergènes ou les calories superflues. Trois ans après sa création, l'application ne fait pas seulement l'objet d'un usage croissant de la part de consommateurs avertis. Elle est aussi la cible d'une mobilisation hostile issue de l'industrie agro-alimentaire, qui parvient à la faire condamner devant des tribunaux de commerce. Sans avoir l'assentiment de tout le secteur agro-alimentaire, ces actions en justice ne sont pas isolées. Au-delà du cas d'espèce, elles visent à empêcher ou à discréditer des intervenants jugés gênants, et s'inscrivent dans le large spectre des stratégies mises en œuvre par l'industrie agro-alimentaire pour défendre ses intérêts et peser, autant que possible, sur la décision publique. Ces actions sont aussi nombreuses que variées. Elles circonscrivent de manière systématique les espaces de la décision publique, mais aussi les mondes sociaux auxquels cette dernière se réfère, qu'il s'agisse de l'expertise scientifique ou du grand public. Ces activités d'influence sont loin d'être nouvelles, ou isolées.

En 2015, la ministre de la Santé, Marisol Touraine, annonce son intention d'introduire le Nutri-score en France. Il s'agit d'un « logo coloriel » apposé sur l'emballage des produits alimentaires et indiquant leur qualité nutritionnelle. Visant à guider les comportements d'achat des consommateurs, il se heurte d'emblée à une franche hostilité de l'industrie agro-alimentaire et de la grande distribution, qui s'organisent pour en combattre l'adoption. Le logo sera enfin déployé en 2017, après une sévère bataille entre ses partisans et ses détracteurs. Le Nutri-score n'était, à l'origine, qu'une mesure parmi d'autres dans un ensemble d'actions plus large visant à faire évoluer l'alimentation des Français : un système de taxes sur les produits alimentaires, variables selon la qualité des produits, une interdiction de la publicité pour les produits de mauvaise qualité nutritionnelle, ou encore le caractère obligatoire de ce logo nutritionnel. Face aux intérêts en présence, Marisol Touraine dut se rendre à l'évidence et abandonner très tôt ces autres mesures, au nom d'un principe de réalité. Elle rencontrait trop de résistances, jusqu'au sein du gouvernement. Le ministère de l'Agriculture et celui de l'Économie s'y opposaient, et le ministère de la Santé n'était pas alors en mesure d'en faire valoir le principe[1].

Après plusieurs mois de bataille, et de multiples attaques ayant failli conduire à son enterrement prématuré, le Nutri-score a survécu, presque par miracle. Ainsi, de nombreux industriels s'étaient organisés, en proposant des logos alternatifs, pour en discréditer les principes et modalités. Ils ont obtenu de la ministre la création d'un comité chargé d'évaluer les différents logos conçus par le monde académique et par l'industrie. Lors de cette évaluation, le Nutri-score s'est révélé plus efficace pour exercer un impact sur les comportements de consommation. À l'issue de cette bataille est apparue au grand jour la capacité des industriels à résister aux tentatives de régulation publique.

Le 30 mai 2018, *Libération* titrait en couverture « Comment les lobbies cuisinent nos députés ». Un long reportage, complété par des articles parus les jours suivants, décryptait le rôle de l'industrie agro-alimentaire dans le rejet de plusieurs amendements parlementaires sur la loi Agriculture et alimentation (dite « Égalim »). Adoptée en octobre 2018, cette loi visait à équilibrer les relations commerciales en faveur des agriculteurs et à promouvoir une alimentation saine et durable. Des fuites organisées avaient notamment permis à l'industrie des produits phytosanitaires de faire obstacle à la proposition d'une députée d'interdire l'utilisation du glyphosate à partir de 2021. Un autre amendement à la loi Égalim, qui rendait obligatoire le Nutri-score dans les publicités des produits alimentaires, était aussi combattu et finalement rejeté en commission parlementaire, puis en séance plénière. Le ministère de l'Agriculture et le gouvernement auraient été sensibles aux arguments de l'industrie agro-alimentaire, ainsi qu'à ceux des représentants du secteur audiovisuel, soulignant les impacts « néfastes » d'une telle mesure sur les revenus des chaînes de télévision.

Ces séquences sont emblématiques : elles illustrent, parmi beaucoup d'autres, la place que des intérêts économiques prennent dans des processus de décision publique en matière de nutrition et de santé. Les entreprises agro-alimentaires emploient des professionnels spécialisés pour représenter leurs intérêts. Leurs activités politiques sont organisées, souvent de longue date, avec le même dessein. Cette enquête en explore la variété et en jauge l'importance. Le travail politique de l'industrie agro-alimentaire apparaît intense. Il répond à des principes récurrents, relativement stables, familiers de ceux qui observent les politiques alimentaires. Pourtant, l'ampleur des activités politiques déployées par les entreprises est rarement appréhendée dans son ensemble. Considérée de manière systémique, cette influence s'exerce pour l'essentiel en dehors de tout cadre formalisé et *a fortiori* transparent, qui garantirait un débat équilibré entre les parties prenantes.

Aujourd'hui, les débats sur l'alimentation inspirent un intérêt croissant à nos concitoyens. Ils permettent à chacun d'avoir plus clairement conscience des enjeux relatifs à son alimentation et à sa santé, pour savoir *in fine* ce qu'il mange. Or les entreprises et leurs représentants agissent auprès des pouvoirs publics dans des espaces peu visibles pour les citoyens. À défaut d'une vision claire de ces échanges, des arguments, des intérêts en présence et de l'ensemble du travail politique mis en œuvre prédomine une représentation floue et souvent peu avantageuse des protagonistes. Pour l'opinion, les décideurs apparaissent souvent faibles, manipulés ou corrompus. Les industriels, en miroir, sont vus comme manipulateurs, cyniques et sans scrupule. Ces représentations nourrissent des visions complotistes ou désabusées du monde économique et de l'action publique. Elles entament conjointement la légitimité des entreprises et celle de la décision publique. Elles minent la confiance et la démocratie. Si des victoires peuvent être enregistrées çà et là, par les uns ou par les autres, personne ne gagne au maintien de cette opacité, qui affaiblit la qualité des décisions collectives. L'influence des entreprises de l'agro-alimentaire n'est pas seulement un enjeu de santé publique au regard de la qualité des produits consommés, elle est aussi un enjeu démocratique. Rendre plus lisible le travail politique de l'industrie constitue un premier pas vers une réflexion collective sur les conditions de possibilité d'une démocratie sanitaire étendue au secteur agro-alimentaire.

Cette réflexion nécessite un regard plus précis, plus ample et plus objectif sur les relations en jeu, et non pas seulement sur quelques-unes d'entre elles, saisies à travers la catégorie, souvent inadéquate, et excessivement individualisante, de « conflits d'intérêts[2] ». En France, à la demande d'une partie croissante de l'opinion, et souvent en réaction à des scandales ou des crises sanitaires, les pouvoirs publics ont entrepris depuis plusieurs années de limiter la place des intérêts privés dans la définition de l'intérêt général. Depuis 2011, une série de lois ont été adoptées pour prévenir les conflits d'intérêts ou les gérer lorsqu'ils existent. Du point de vue des autorités, elles ont pour fonction de préserver l'impartialité, l'objectivité et la neutralité de fonctionnaires ou d'experts. Mais il s'agit aussi d'encadrer les relations entre des intérêts privés et l'exercice de responsabilités de gouvernement. Cette législation et la réglementation qui l'accompagne définissent la nature des liens que des représentants de l'intérêt général peuvent entretenir avec des représentants des intérêts privés. Elles conduisent à créer des instances spécialisées chargées d'évaluer l'existence de potentiels conflits d'intérêts au sein des arènes publiques, dotées le cas échéant du pouvoir de les gérer, voire de les résoudre, en particulier en écartant certains experts. En outre, des mécanismes de transparence se fondant sur des données explicites rendent publics les liens existant entre intérêts privés et intérêt général. Ces relations sont loin d'être purement individuelles ou interpersonnelles. Elles relèvent d'une organisation collective, complexe et composite, qui s'appuie sur de nombreuses structures spécialisées.

Au regard de ces dynamiques, la gestion individuelle des liens et des conflits d'intérêts ainsi que la réglementation qui les accompagne se situent rarement à la bonne échelle. Elles privilégient l'identification de situations ou de comportements personnels problématiques, ou l'existence de relations entre certains experts ou décideurs et des représentants d'intérêts privés, quelle que soit leur nature. Elles laissent largement échapper les dimensions collectives et organisées des liens d'intérêts, dans lesquelles se déploient les relations interpersonnelles.

Des travaux montrent qu'une gestion de la frontière public-privé à partir de la prise en charge des conflits d'intérêts est tout à la fois indispensable et insuffisante. Ces travaux soulignent que les intérêts privés n'ont pas nécessairement besoin de tisser des liens avec le secteur public pour prévaloir. Il suffit, par exemple, de contrôler, d'affaiblir ou de distordre les connaissances produites dans un domaine scientifique pour que le travail des experts soit mis à mal[3]. Les experts ne peuvent ignorer les recherches disponibles, le cas échéant financées par des entreprises intéressées et conduites selon leurs points de vue. Plus en amont encore, la capacité à produire non plus seulement des connaissances, mais de véritables « régimes de vérité », c'est-à-dire des ensembles de normes et de méthodes considérées comme légitimes dans un domaine d'expertise (maladies professionnelles, nutrition, etc.), permet de peser avec efficacité sur les processus d'expertise sans même tisser de liens avec les experts concernés[4]. De manière plus structurelle, la limitation des capacités d'expertise ou de régulation de l'État peut conduire à un alignement entre intérêts publics et intérêts privés[5]. Dans ce cas, il n'est pas non plus nécessaire d'établir des relations directes avec les décideurs publics pour qu'ils défendent les intérêts économiques d'un certain nombre d'entreprises, les capacités publiques restant durablement en retrait[6]. En somme, les modalités à travers lesquelles des intérêts privés prévalent dans les processus de décision publique ne sont pas nécessairement liées au rôle des individus. Elles sont souvent établies bien en amont, de manière plus collective et organisée.

Si ces approches sont particulièrement riches, elles s'intéressent avant tout au domaine de l'expertise et aux manières dont la production scientifique est affectée par des relations établies, de manière souvent indirecte, avec des industriels. Elles laissent en revanche dans l'ombre la façon dont ces dimensions cognitives s'inscrivent dans un travail politique plus large, dont le volet scientifique n'est qu'une facette parmi d'autres[7]. Les industriels et leurs représentants façonnent en réalité l'ensemble des environnements dans lesquels sont prises les décisions d'intérêt général[8]. Les conflits d'intérêts, les mécanismes de production de l'ignorance, et même l'élaboration d'un certain régime de vérité, sont les résultats d'une capacité plus générale à façonner un système de relations sociales et politiques dans sa globalité. C'est ce dont rend compte la notion de champ organisationnel[9], c'est-à-dire l'ensemble des activités qui cherchent à « promouvoir des réseaux inter-organisationnels, à promouvoir des conceptions, des cadres ou des champs d'action appropriés, et à enrôler des individus et des organisations dans un projet collectif[10] ». Cet espace d'action est hiérarchisé : certaines organisations y occupent une position dominante, des profils professionnels tendent à prévaloir, des savoirs sont légitimement mobilisés ou au contraire discrédités, certaines arènes sont investies en priorité. L'analyse de ces espaces offre une vision d'ensemble des activités et des réseaux qui permettent aux entreprises de façonner les liens, les stratégies, les savoirs et les régimes de vérité qui entrent en jeu dans l'élaboration de décisions en matière de nutrition et de santé.

Fondé sur une enquête empirique rigoureuse[11], le présent ouvrage donne à voir le champ organisationnel construit par les entreprises du secteur agro-alimentaire en France afin de faire valoir leurs intérêts dans les décisions publiques en matière de nutrition et de santé. On entend par « secteur agro-alimentaire[12] » l'ensemble du secteur privé participant à la production, à l'emballage, à la distribution et au marketing d'aliments et de boissons de toutes sortes. Il s'agit des industries agricoles (agriculteurs, éleveurs), des industries productrices d'aliments et de boissons manufacturés, des détaillants d'aliments et de boissons (supermarchés compris), des distributeurs de ces produits (importateurs et exportateurs compris), des restaurateurs industriels (restauration collective), de l'industrie publicitaire, du marketing et de la communication. Au bout de la chaîne, l'industrie de l'alimentaire est aussi composée de regroupements sous forme d'associations (ou de toute autre forme juridique) ayant pour objet de représenter les intérêts de ses acteurs. Sans oublier les fondations et autres organisations à but non lucratif qui leur sont liées[13].

Trois stratégies principales seront ici décrites, auxquelles sont associés de très nombreux types d'activités. Un premier ensemble d'activités, d'ordre cognitif, consiste en la production de discours et de messages dans le cadre de débats. Il s'agit pour les industriels de produire des savoirs scientifiques, des arguments techniques, économiques, légaux, philosophiques ou moraux, pour conforter certains savoirs jugés utiles ou favorables, ou au contraire pour nuancer, affaiblir ou invalider des savoirs scientifiques et des arguments utilisés pour justifier des projets politiques jugés contraires à leurs intérêts. Elles sont analysées dans le chapitre 1, et les acteurs qui y sont associés sont étudiés dans le chapitre 2.

Pour influer sur les politiques nutritionnelles et alimentaires, les entreprises du secteur déploient une deuxième famille d'activités, qui peuvent être qualifiées de « stratégies relationnelles » ou de « stratégies de représentation d'intérêts ». Ces stratégies ont un caractère plus direct et personnalisé. Elles se traduisent par la prise de contact avec les acteurs de la décision publique afin d'augmenter auprès d'eux la recevabilité des énoncés produits. Ces pratiques sont analysées dans le chapitre 3, et les protagonistes impliqués dans leur mise en œuvre sont présentés dans le chapitre 4.

Les entreprises développent un troisième grand type d'activités politiques, d'ordre symbolique. C'est une stratégie qui se joue à double face, positive et négative : il s'agit de renforcer ou de réduire le crédit symbolique accordé à des organisations ou des individus. Dans le volet positif, les positions des entreprises sont valorisées par association à l'image avantageuse d'organisations philanthropiques. Une quête de prestige donne ainsi lieu à la construction d'une identité non marchande. Parallèlement sont conduites des pratiques plus négatives, qui visent à réduire la légitimité d'éventuels « opposants » en faisant porter sur eux une forme de discrédit. Leur légitimité scientifique ou morale est par exemple insidieusement mise en cause, ou attaquée plus frontalement par des formes de dénigrement, voire de bâillonnement, grâce à des actions en justice par exemple. Ces activités symboliques sont analysées dans le chapitre 5. Le rôle des organisations qui les mettent en œuvre est présenté dans le chapitre 6.

Enfin, la diversité des activités, des acteurs et des réseaux donne à voir l'ensemble du champ organisationnel qu'ils composent, offrant l'occasion de souligner, dans le chapitre 7, l'importance d'un grand nombre d'organisations intermédiaires et des entreprises les plus influentes. Cette représentation offre une image inédite de la variété des activités politiques des entreprises agro-alimentaires destinées à peser sur des décisions publiques. Elle atteste que les liens d'intérêt qui se manifestent à l'échelle individuelle ne constituent que la face la plus visible d'une organisation collective très élaborée, encore mal connue, et dont les logiques ne sont sans doute pas propres au secteur agro-alimentaire.

Outre son intérêt intrinsèque, la connaissance des propriétés de cet espace de relations, dont les caractéristiques empiriques mériteraient d'être encore précisées, constitue un enjeu politique et civique important. Il donne à voir des activités fréquemment mises en œuvre en matière de décision publique et indique les voies à emprunter pour en modérer les expressions les plus problématiques ou les plus déséquilibrées. La régulation des seuls conflits d'intérêts, telle qu'elle existe à l'échelle individuelle, ne peut suffire à équilibrer l'ensemble organisé des activités politiques des entreprises du secteur agro-alimentaire. La conclusion de cet ouvrage propose des pistes d'action se situant à l'échelle de ces dynamiques collectives.

1

La bataille des connaissances

En mars 2018, le directeur du Fonds français pour l'alimentation et la santé (FFAS) ouvre la 36e conférence scientifique qu'organise cet organisme financé par l'industrie agro-alimentaire. La conférence est consacrée à la diversité alimentaire, une thématique se voulant innovante, et même inédite. L'enjeu n'est pas seulement de débattre de la diversité des aliments consommés, et à travers elle d'une forme d'équilibre alimentaire, il est aussi de mettre en avant une notion nouvelle, qu'il est opportunément possible d'opposer à la vision de l'alimentation centrée sur la qualité des produits alimentaires. Alors que font rage les débats sur le Nutri-score et sur la quantification de la qualité nutritionnelle des aliments, la notion de diversité alimentaire arrive à point nommé pour déplacer l'attention vers les consommateurs et la variété de leur alimentation. Selon une méthode éprouvée, il s'agit de faire endosser la responsabilité des enjeux nutritionnels aux individus plutôt qu'aux entreprises et à leurs produits[14]. À grand renfort d'exposés scientifiques, la notion que le FFAS introduit apparaîtra comme un contre-feu possible au logo nutritionnel soutenu par les pouvoirs publics. Là où les logos s'appliquent à des produits identifiés, la diversité nutritionnelle invoque un halo de produits. Là où les logos soulignent la composition des produits, la diversité nutritionnelle vise des consommateurs dont les comportements dédouanent l'industrie de la responsabilité de ses productions.

Au cours de la journée, la notion de diversité alimentaire est discutée au titre de la science, dans une enceinte chargée d'organiser des échanges entre universitaires et instances du secteur agro-alimentaire. Cette situation est loin d'être rare. Elle illustre les liens que l'industrie noue avec des représentants du monde scientifique. Savamment mises en œuvre, ces relations rendent possibles des activités cognitives récurrentes, qui facilitent l'usage de savoirs, d'informations ou d'arguments scientifiques favorables à l'industrie. Ce chapitre en explore les contours en décrivant plusieurs types d'activités politiques d'ordre cognitif dans lesquelles les entreprises et leurs relais produisent et diffusent des éléments de connaissance scientifique, des arguments techniques, économiques, légaux, philosophiques ou moraux jugés favorables aux intérêts de l'industrie, ou visant à nuancer, affaiblir ou invalider des savoirs et arguments qui pourraient leur être préjudiciables.

Pour l'essentiel, les savoirs produits et diffusés tournent autour de deux grands thèmes. Dans le premier, celui des liens entre la santé et les produits alimentaires fabriqués par l'industrie, il est question de montrer par différents moyens que les aliments produits ou les ingrédients utilisés pour les produire sont bons pour la santé ou qu'en tout cas ils ne sont pas mauvais. Dans le second thème, celui de la dimension patrimoniale et sociale de l'alimentation, il s'agit de montrer que la gastronomie et, par extension, les produits de l'industrie agro-alimentaire constituent une partie du patrimoine français, qu'il faut par conséquent protéger. L'alimentation a une dimension affective et socialisatrice, pas seulement sanitaire, telle est l'idée qui doit prévaloir. La promotion et la diffusion de ces deux types de savoirs se font à travers : 1) la production de connaissances et d'ignorance, 2) la fabrication du doute et 3) le cadrage des débats, du problème et des solutions. Ces cadres cognitifs sont promus à travers la mobilisation de chercheurs relevant de deux disciplines : la physiologie nutritionnelle et la sociologie de l'alimentation. Souvent moins favorable aux intérêts de l'industrie, l'épidémiologie nutritionnelle est, quant à elle, questionnée en tant que discipline légitime dans les sciences de la nutrition.

PRODUIRE DES CONNAISSANCES

Comme d'autres industries, les entreprises du secteur agro-alimentaire consacrent une partie de leurs activités à la production de connaissances, par leurs soins ou par l'intermédiaire de scientifiques avec lesquels ils tissent des liens. Ces activités cognitives s'articulent à des intérêts économiques. Elles peuvent non seulement favoriser l'émergence de nouvelles connaissances, mais aussi produire de l'ignorance. Les mécanismes à travers lesquels des organisations empêchent l'émergence ou la circulation de savoirs dans divers espaces sociaux sont désormais mieux connus, y compris dans le cas de la France[15]. Dans le cas de l'industrie agro-alimentaire, la fabrication de l'ignorance ne relève pas tant de l'édification d'obstacles à la diffusion de certains savoirs – les industriels n'en ont pas véritablement l'autorité – que de la promotion de certaines connaissances aux dépens de ces savoirs jugés moins favorables. Il s'agit en somme d'une pratique « en creux », qui vise à occuper les arènes scientifiques et parfois médiatiques.

Trois modalités de fabrication des connaissances sont affectionnées par les organisations du secteur. La première donne lieu au financement de recherches scientifiques. Dans un contexte où les équipes de recherche doivent trouver elles-mêmes leurs financements, les organismes scientifiques encouragent des partenariats avec des opérateurs privés. Ce financement des recherches a plusieurs effets. Le plus explicite est qu'il lie les financements à des résultats estimés favorables à l'industrie, et donc qu'il oriente les recherches pour faire émerger des résultats utiles. Sans nécessairement dévoyer les activités de recherche, ces pratiques peuvent plus simplement conduire à intégrer des préoccupations favorables à l'industrie dans des activités de recherche ordinaires, pourtant conduites selon d'autres logiques, plus spécifiquement académiques, comme en témoigne au cours de l'enquête un chercheur en nutrition :

> Moi je n'étais pas dupe hein, il y avait une espèce de tentative de faire du « win-win », puisque c'est l'expression à la mode, c'est-à-dire que nous, on obtenait des budgets dignes de ce nom parce que moi, les études que je faisais, elles étaient à l'époque très, très, très, chères… et on obtenait de l'argent pour faire des études dans lesquelles on allait pouvoir faire émerger des données fondamentales qui étaient intéressantes pour la communauté scientifique, mais qui n'avaient pas vraiment de bénéfices pour l'agro-alimentaire, mais on arrivait à mettre dedans un peu… on était obligés de se tordre les neurones, mais enfin c'était amusant parfois, on arrivait à mettre dedans quelques éléments qui pourraient peut-être permettre à notre commanditaire de faire une allégation nutritionnelle.
>
> (Maître de conférences en nutrition humaine, université parisienne)

L'inclusion d'intérêts économiques dans des pratiques de recherche conduit parfois à saturer des domaines d'expertise entiers, au point qu'il devient difficile de trouver des études alternatives ou contradictoires. C'est ce dont témoigne une responsable des questions de nutrition et santé humaine au sein d'une agence publique d'évaluation :

> À la marge, on essaie de trouver des données sur le risque. Donc là où on a eu beaucoup de mal, par exemple, c'est sur la saisine édulcorants intenses… t'as énormément de manips sur le bénéfice parce que c'est les vendeurs d'édulcorants, et puis sur le risque t'as quasiment rien, donc on

va te dire : « Ah ben oui, mais vous n'êtes pas capables de mettre en évidence le risque », ben oui, on arrive déjà à en mettre pas mal en évidence avec le peu qu'on a, imaginez si on avait vraiment des études.

(Responsable de l'unité nutrition et santé humaine, agence sanitaire)

Le deuxième vecteur par lequel les entreprises agro-alimentaires produisent de l'ignorance est plus insidieux. Les études financées par des industriels analysant les rapports bénéfices-risques d'une substance « rapportent en moyenne quatre fois plus souvent une balance bénéfice-risque favorable que les études indépendantes[16] ». Ce constat classique a été établi pour de nombreux domaines de recherche : tabac, alcool, amiante, plomb, bisphénol, etc.[17] Bien qu'il n'existe pas de données analogues à propos de l'agro-alimentaire en France, certains chercheurs témoignant de leurs collaborations avec l'industrie permettent de présumer d'effets semblables. Moins qu'un souci explicite de fausser des données, il s'agit plutôt d'un système de relations mêlant des aspects personnels et professionnels qui finissent par avoir un impact sur les thèmes, les problématiques, le ton ou la manière de présenter des résultats. Ces distorsions n'apparaissent pas toujours clairement à ceux qui en sont les principaux vecteurs, quel que soit leur niveau d'expertise scientifique. C'est ce dont témoignent des chercheurs expérimentés :

Non, moi j'ai beaucoup travaillé à l'époque, jusqu'à une dizaine d'années, avec des industriels. Je n'ai jamais ressenti la moindre pression. Mais la subtilité, c'est que vous devenez ami… En plus, on vous met en face de vous non pas des horribles financiers ou des actionnaires, on vous met des scientifiques, qui viennent un peu du même monde que vous. Vous sympathisez, vous mangez ensemble, ils vous invitent, mais c'est même pas l'invitation, c'est qu'il finit par y avoir une relation amicale, qui fait qu'après qu'on se

> pose la question, qu'on doit se poser la question, « est-ce que réellement, quand on intervient ensuite sur une position par rapport à tel problème, est-ce que réellement ça ne pèse pas… » enfin, moi j'en suis un exemple flagrant, comme avec beaucoup de mes collègues, pendant très longtemps, on ne s'est absolument pas posé cette question. […] Un déjeuner, etc., mais surtout, vous finissez par avoir ces relations un peu d'amitié, vous discutez de tout, de la pluie et du beau temps, de la famille, etc., et il se crée des liens d'amitié… plus que, en effet, toute forme de pression, l'effet le plus pervers… on a toujours du mal à dire des choses désagréables pour ses amis, donc… Aucun chercheur ne vous dira : « Je cache des résultats », non, personne ne va cacher des résultats…
>
> (Professeur des universités en nutrition humaine)

Conjointement au financement de la recherche, les entreprises du secteur agro-alimentaire veulent occuper les espaces de production scientifique en diffusant leurs propres résultats. Pour ce faire, elles financent des numéros hors-série de revues scientifiques ou organisent des ateliers lors de congrès spécialisés. La revue scientifique de la Société française de nutrition (les *Cahiers de nutrition et de diététique*) a par exemple publié à deux reprises des numéros hors-série entièrement financés par Danone, qui les avait proposés. L'avant-propos du hors-série publié en 2016 ne laisse aucun doute sur l'absence d'articles contredisant les bienfaits du yaourt en tant qu'aliment :

> Des études épidémiologiques, en France et dans d'autres pays, montrent que la consommation de yaourts est associée à des profils alimentaires sains, faisant de lui un "marqueur" universel de qualité de la diète. De surcroît, qui l'eût cru il y a à peine plus d'une décennie, le yaourt peut avoir un rôle bénéfique dans la prévention de pathologies de l'adulte. Des méta-analyses d'études de cohortes prospectives montrent une association entre la consommation de yaourt et une

> réduction du risque de développer une obésité et un diabète de type 2. De même, la consommation régulière de yaourt semble avoir un effet favorable sur la prévalence de l'hypertension artérielle, des maladies cardiovasculaires et du syndrome métabolique[18].

Le chercheur qui a dirigé ce hors-série sur le yaourt est membre du comité scientifique de l'Institut Danone. Le rédacteur en chef adjoint de cette revue scientifique, ancien chef du service de médecine et nutrition à Paris, est membre du conseil scientifique du FFAS, financé par l'industrie agro-alimentaire.

Les entreprises de l'agro-alimentaire organisent également des ateliers thématiques lors du rendez-vous scientifique annuel de la Société française de nutrition, les Journées francophones de la nutrition (JFN). Lors de l'édition de 2018, des ateliers intégrés au programme scientifique des journées étaient proposés par Nestlé et par le Centre de recherche et d'information nutritionnelles (Cerin), l'un des principaux centres de production de connaissances de l'industrie agro-alimentaire, financé par l'interprofessionnelle de la filière laitière. Le Cerin se présente comme le département santé de l'interprofession des produits laitiers et comme une instance d'expertise en matière de nutrition ayant pour objectif de « délivrer aux professionnels de santé et de santé publique, ainsi qu'aux journalistes, une information nutritionnelle complète et validée, sur le lait et les produits laitiers, mais aussi sur l'ensemble des grandes thématiques de la nutrition et de la santé, les besoins nutritionnels des groupes de population et la prévention nutritionnelle des pathologies ». Il mène une intense activité de communication, animée par deux nutritionnistes, sur Internet, sur les réseaux sociaux et à travers un ensemble de publications électroniques (*Chloé-doc*, *Nutri-doc*, etc.).

Ces activités favorisent les liens avec le monde académique. Les établissements publics de l'enseignement supérieur sont eux aussi investis, grâce au système des chaires, utilisé pour promouvoir l'émergence de certains savoirs et leur assurer une légitimité dans des espaces scientifiques si possible prestigieux. En 2010, Danone signe par exemple un partenariat avec l'école d'ingénieurs AgroParisTech par l'intermédiaire de son institut de recherche, Danone Nutricia Research, afin de mettre en place la chaire Alimentation, nutrition, comportement alimentaire (Anca). Dans de telles chaires de mécénat, les thèmes de la recherche et de l'enseignement promus sont définis lors de la mise en place du partenariat. La chaire Anca est spécialisée dans les comportements alimentaires – une manière, rappelons-le, d'appréhender les questions nutritionnelles à partir des comportements des individus plutôt qu'à partir de l'offre de produits alimentaires.

Le troisième vecteur par lequel le secteur agro-alimentaire occupe l'espace scientifique de promotion des connaissances est une pratique de *cherry picking data*[19] qui consiste à publier des études scientifiques (ou une partie des résultats de ces études) mettant en valeur les bénéfices des aliments et produits que l'industrie commercialise, en mobilisant tous les moyens de communication dont disposent les différentes organisations, tels que sites Web, blogs, Twitter, Facebook, YouTube, etc. Le compte Twitter du Cerin offre de beaux exemples de *cherry picking data*, que facilite l'usage de ce type de médias. Ainsi, au cours de l'enquête, des tweets du Cerin se font l'écho, hors contexte et photographie de yaourt ou de verres de lait à l'appui, de résultats scientifiques favorables aux produits laitiers, auxquels renvoient des liens vers les études mentionnées : « Une méta-analyse chinoise montre que la consommation de yaourt et de fromage est associée à une diminution du risque de fracture » ; « D'après une étude présentée au congrès européen de cardiologie il y a quelques jours, la consommation de produits laitiers serait associée à une diminution de la mortalité totale et cérébro-vasculaire » ; « D'après un suivi de cohorte américain réalisé sur 22 ans, certains acides gras retrouvés dans le lait, d'autant plus s'il est entier, auraient un effet protecteur contre le risque de maladies cardiovasculaires #acidesgras #santé. » La rhétorique est à la fois scientifique, affirmative et prudente, les tweets entourant le résultat des précautions d'usage : simples corrélations, verbes au conditionnel, sources choisies.

Les données et arguments produits pour ces pratiques peuvent être tout à fait pertinents d'un point de vue scientifique. Ce qui est problématique n'est pas la nature ou le contenu de ces éléments, c'est la tendance à ne promouvoir que des recherches ou des résultats valorisant les produits commercialisés par l'industrie, en laissant dans l'ombre les éléments plus douteux ou contradictoires et moins explicitement valorisables.

Finalement, la production de l'ignorance peut, dans des cas extrêmes et minoritaires, passer par une manipulation des données ou par l'instrumentalisation des chercheurs afin de donner un statut « scientifique » aux prises de position des entreprises du secteur. En 2014, lors du débat sur la mise en place du Nutri-score, un grand distributeur du secteur, qui s'opposait aux propositions du ministère de la Santé, a constitué un groupe d'experts pour promouvoir un logo alternatif. Dans le communiqué de presse qui en faisait la publicité, l'entreprise citait le nom d'experts qui avaient, selon elle, avalisé son logo alternatif. Or plusieurs experts ayant participé à ce comité nous ont déclaré qu'ils n'avaient pas validé ce logo alternatif et qu'ils étaient cités dans ce communiqué de presse alors même qu'ils avaient exprimé leur désaccord. Selon eux, la fréquence de consommation journalière des produits préconisée dans le logo alternatif n'aurait pas dû y figurer, car elle ne s'appuie sur aucune base scientifique.

FABRIQUER DU DOUTE

La notion de production du doute fait référence aux tentatives des entreprises de discréditer et de contredire les éléments de preuves scientifiques justifiant des politiques publiques qu'elles jugent hostiles à leurs intérêts[20]. En pratique, il s'agit de mettre en lumière les incertitudes inhérentes à l'activité scientifique – jusqu'à discréditer une discipline dans son ensemble. En effet, dans les recherches concernant les effets d'un produit sur la santé, il est impossible de mener en laboratoire des expériences permettant de contrôler toutes les variables contextuelles agissant avec la substance que l'on veut tester. En outre, il est interdit, pour des raisons éthiques et juridiques, d'injecter à des sujets humains des substances potentiellement toxiques afin d'en analyser les conséquences. De ce fait, les expériences en laboratoire les plus robustes scientifiquement doivent être menées sur des animaux. Ces caractéristiques de la recherche en santé humaine limitent l'établissement de relations de causalité entre une pathologie et un produit de consommation ou un produit présent dans l'environnement. Ces limites, qui peuvent effectivement produire des biais dans l'interprétation causale des liens entre une substance et une pathologie, sont exploitées par l'industrie pour entretenir le doute sur les résultats scientifiques. Ils exigent toujours plus de preuves de la causalité et soulignent les limites des extrapolations à l'humain de résultats obtenus sur des modèles animaux.

Ces deux stratégies – exiger toujours plus de preuves de relations causales directes et mettre en cause la validité des extrapolations des résultats obtenus chez l'animal – ont historiquement été utilisées dans de nombreux secteurs industriels. Le cas le plus emblématique, car ayant théorisé cette pratique, est celui du tabac, dès les années 1950. D'autres industries ont suivi cette voie tout au long du XXe siècle : le tabac, le plomb, l'amiante, le nucléaire[21].

En France, la production de doute est aussi pratiquée par les organisations du secteur agro-alimentaire. Par exemple, en mars 2006, le Comité des salines de France conteste les recommandations des autorités sanitaires françaises relatives à la réduction des apports en sel afin de prévenir les risques d'accident cardiovasculaire dans un communiqué de presse. La validité des méthodes utilisées pour produire les preuves d'un lien entre sel et accidents cardiovasculaires y est mise en cause au motif qu'elles se fondent sur une « simple extrapolation » : « Une nouvelle étude vient contredire les experts en santé publique dont la démarche repose sur de simples extrapolations, car aucune des quelque onze études publiées pour identifier une relation causale patente n'a apporté de conclusion positive[22]. » Après la mise en cause de la méthode des études justifiant la recommandation sanitaire est déployé un deuxième instrument, dans une démarche de mise en forme du problème : la mobilisation d'études scientifiques contredisant les résultats sur lesquels se fonde la recommandation sanitaire. Le communiqué mobilise pour ce faire les conclusions, opposées, de l'étude d'un chercheur américain, précisant : « Le principal résultat est la mise en évidence d'une relation inverse, statistiquement acceptable », résultat qui justifie le titre très clair : « La restriction sodée généralisée augmente le risque de mortalité cardiovasculaire ».

Les organisations du secteur agro-alimentaire mettent aussi en cause la validité de l'expérimentation sur des animaux dans la recherche en santé humaine. Directeur de recherche au CNRS, le neurobiologiste Serge Ahmed en fait les frais quand il révèle le caractère addictif du sucre à partir de modèles animaux. Ses arguments sont contrés par le Centre d'étude et de documentation du sucre (Cedus), une organisation créée et financée par les producteurs de betterave sucrière et l'industrie sucrière française avec pour objectif de promouvoir le sucre à travers des actions de communication. Le Cedus développe trois thèmes : la filière sucre, le sucre dans la gastronomie et les liens entre sucre, alimentation et santé. Il a d'ailleurs récemment changé de dénomination pour s'appeler « Cultures sucre », nom qui dénote un glissement vers des arguments plus culturels que scientifiques. L'organisation communique sur les réseaux sociaux et sur d'autres supports de communication, organise des événements, dont le Championnat de France du dessert, et finance des recherches en nutrition via l'Institut Benjamin Delessert. Son conseil d'administration est composé des deux grands syndicats sucriers de France : le Syndicat national des fabricants de sucre (SNFS) et la Confédération générale des planteurs de betteraves (CGB), et de Tereos, le plus grand fabricant de sucre français et le deuxième au niveau mondial. Au moment de leur publication, les hypothèses de Serge Ahmed ne cadrent pas précisément avec les arguments que le Cedus souhaite faire valoir, d'où une contre-argumentation instillant le doute sur cette hypothèse à partir de l'argument, un peu éventé, de l'inadéquation du modèle animal transposé à la santé humaine. Les travaux du chercheur sont ainsi mis en cause dans le blog Le vrai du faux au motif qu'ils ont été réalisés sur des rats.

L'industrie agro-alimentaire est particulièrement active dans le discrédit de l'épidémiologie nutritionnelle en tant que discipline scientifique. Une scène observée lors d'une conférence organisée en mars 2019 par le FFAS sur le thème « Forces et faiblesses de l'épidémiologie nutritionnelle », dans le contexte de débats relatifs à la publication de recommandations nutritionnelles par les autorités publiques françaises, illustre ce type de critiques, qui introduisent des éléments de doute à propos de contributions scientifiques jugées peu favorables aux intérêts industriels.

Comme le fait remarquer en introduction le modérateur de la conférence, la séance trouve sa raison d'être dans le fait que le public pense que les recommandations nutritionnelles sont établies à partir de preuves scientifiques, alors que, selon lui, il n'en est rien puisque l'épidémiologie ne fait que trouver des associations sans liens de causalité, et ne peut en conséquence émettre que des suggestions. Et l'orateur de souligner que l'alimentation est un domaine très complexe qui rend d'autant plus difficile l'élaboration de conclusions, voire de recommandations claires :

> L'idée de cette conférence est venue du fait que, dans un passé récent, pas si lointain, de nombreuses études épidémiologiques sont parues qui ont donné lieu à des manifestations médiatiques, parfois excessives, parce que, semble-t-il, on n'a pas compris dans certains milieux que l'épidémiologie est une force de recherche pour mettre en lien certains aliments ou modes alimentaires et la santé, mais qu'elle a aussi un certain nombre de faiblesses, car on prend souvent des associations pour des preuves et des vérités. C'est important parce que, comme vous le savez, la plupart des recommandations en matière d'alimentation sont fondées sur ces études, ce qui peut conduire non pas à discuter des faits, mais à discuter de leur interprétation, qui est encore plus importante, et peut conduire certains à tenir pour acquise une preuve alors qu'en fait c'est simplement une suggestion qu'un lien pourrait exister. De plus, comme vous le savez, dans le domaine de l'alimentation, l'évaluation est bien plus complexe que dans d'autres domaines de la science, le médicament par exemple.

L'objectif de la conférence se clarifie, si l'on en croit les propos liminaires de l'intervenante ainsi que les mots de conclusion de l'animateur du débat :

> *Intervenante :* Alors, je vais commencer par remercier M. X [nom anonymisé], l'organisateur du débat, pour son invitation qui, au départ, vraiment je l'ai pris comme un honneur, j'étais vraiment flattée par cette démarche, et puis il insistait beaucoup sur les faiblesses [de l'épidémiologie nutritionnelle], je lui ai dit : « Non, mais il y a aussi beaucoup de forces », donc je vais essayer d'en parler aujourd'hui [...].
> *Organisateur du débat :* De toutes les diapos, il y en a une qui m'a particulièrement intéressé, c'est celle qui montre tous les biais possibles [de l'épidémiologie] et ça, c'est extrêmement important parce qu'au fond, quand on n'est pas spécialiste, quand on n'est pas rentré dans l'étude, eh bien, au fond, on ne peut pas juger, et très souvent on se contente, les médias ou le lecteur, du résumé. Alors, dans le résumé, l'auteur raconte des choses – quelquefois il va au-delà de sa pensée – qui peuvent faire croire que son étude a prouvé une causalité, et c'est rarement le cas. Deuxièmement, attention aux facteurs de confusion. Seules doivent être acceptées les études qui ont vraiment ajusté sur la plupart des facteurs connus, tout en sachant qu'il y en a des inconnus. C'est d'ailleurs par exemple le mérite de mes collèges de Bobigny à partir de Nutrinet... ils ont ajusté sur la totalité des choses qu'il était humainement possible de faire... Ce qui tout de même, et d'ailleurs ils le disent, il reste quelques incertitudes qui ne justifient certainement pas les grands titres en première page de certains journaux français[23].

Pour parvenir à la production du doute, les organisations de l'agro-alimentaire s'appuient sur des chercheurs qu'ils invitent à des comités d'experts permanents, où sont discutées les faiblesses de certaines notions ou études dans le secteur de l'alimentation et de la nutrition. Un chercheur en économie nous fait part de son intégration (2018) au comité d'experts d'une enseigne de grande distribution française, réuni pour réagir à une étude qui montrait les potentiels effets négatifs sur la santé des aliments « ultra-transformés ». L'objectif était de discuter de la validité du concept d'aliments ultra-transformés, afin que l'enseigne puisse prendre position dans ce débat :

> Voilà, mais derrière, il y a X [nom anonymisé], un nutritionniste brésilien qui avait lancé ce concept d'aliments ultra-transformés… etc., et puis à l'Inra, y a Y [nom anonymisé] qui travaille là-dessus. Je me demande si ce n'était pas lui, d'ailleurs, qui était venu nous exposer ça… Le comité fait venir des gens qui travaillent là-dessus, pour dire « c'est quoi ce concept, comment ça marche, etc ». Puis ils demandent aux gens du comité, qui eux sont là à chaque fois, comment ils réagissent par rapport à cette question, mais d'une façon très pragmatique. Est-ce que le concept tient ? Est-ce qu'on peut mesurer objectivement le degré de transformation ? Cela pose plein de problèmes, parce qu'il y a le degré de transformation, mais aussi le nombre de constituants ajoutés, qui ne sont pas forcément des transformations, mais juste des trucs ajoutés. C'est comme dans une recette, quoi… Et eux, c'est vraiment dans une optique de réflexion à moyen terme, pour ne pas être pris de court par des problèmes, pour voir comment ils peuvent faire.
>
> (Directeur de recherche en économie, Inrae)

Par ailleurs, les entreprises du secteur emploient de façon ponctuelle des chercheurs en qualité de consultants, en dehors des comités d'experts en nutrition et alimentation qu'ils mettent sur pied. L'objectif est que le chercheur fasse émerger les « potentielles faiblesses » des connaissances mobilisées par les pouvoirs publics pour justifier un projet de régulation. Un chercheur nous fait part de son expérience comme consultant d'une grande marque de sodas lors des débats politiques de 2009 sur le bien-fondé d'une taxe sodas :

Intervenant : Il y avait certains parlementaires qui avaient commencé à réfléchir à des amendements, etc. pour le projet de loi de financement de la Sécurité sociale, je pense. Et donc elle [responsable d'une agence de communication parisienne] m'avait approché parce que son cabinet avait été chargé par un grand fabricant de sodas d'une mission sur l'impact économique d'une taxe sur les sodas. Elle avait aussi…, je me souviens…, des juristes dans la boucle. Et donc j'avais fait un rapport… rémunéré à l'époque, pour elle, dans lequel…, enfin moi j'avais mis la limite, j'avais dit : « Je vous fais une revue de littérature, voilà, je vous fais une revue de littérature scientifique et après vous en faites ce que vous voulez… »
Enquêteur : Pourquoi vous ?
Intervenant : En fait, comme, moi, j'étais dans le doute scientifique, ils avaient une revue de littérature sur le sujet, c'est la stratégie habituelle de l'industrie, un peu de scientifique, donc ils avaient une revue de littérature qui pointait en fait les challenges scientifiques et ce qu'on ne savait pas au niveau scientifique, donc ça ne les ennuie pas de dire : « On fait une revue de littérature avec les doutes scientifiques »…

(Directeur de recherche en économie,
Paris School of Economics)

Le chercheur est sollicité après avoir exprimé une position réticente ou sceptique au sujet de la taxation des sodas comme moyen d'en faire diminuer la consommation. L'industrie ne fait alors qu'appuyer ce doute, en finançant le chercheur pendant qu'il l'étaye et le développe. Il s'agit de promouvoir des points de vue contredisant les éléments qui justifient la réglementation pressentie.

La participation à un comité d'experts ou la rédaction d'un rapport d'expertise sont souvent rémunérées et, comme le souligne un de nos enquêtés, la rémunération peut être importante comparée aux salaires alloués dans le monde de la recherche. Pour autant, le chercheur ne transgresse pas son éthique professionnelle, les aspects financiers constituant un simple ressort supplémentaire pour travailler sur des doutes scientifiques déjà exprimés ou pressentis :

> Je ne vais pas me cacher, tu vois à l'époque moi j'ai été payé 10 000 euros, c'était 40 % de mon salaire annuel, donc quand t'as ça qui arrive, voilà, tu vas voir les parents, t'es content [rire], donc... »
>
> (Directeur de recherche en économie, Paris School of Economics)

D'autres leviers favorisent l'investissement de chercheurs dans la production du doute. D'abord, les lignes de financement de la recherche non négligeables dont disposent les organisations du secteur. Ensuite, ces comités d'experts permettent aux chercheurs d'accéder à des informations utiles ou de rencontrer des organisations susceptibles d'augmenter leurs chances d'obtenir des fonds de recherche pour leurs équipes, afin de financer des thèses par exemple :

> Ben, en fait, c'est pour... Moi, j'étais un peu influencé par ma directrice qui disait : « Dans ce milieu, il faut exister... », d'ailleurs, elle n'avait pas tort, parce qu'à partir du moment où elle est partie en retraite et où je me suis retiré de partout j'ai disparu du champ, c'est vrai.
>
> (Maître de conférences en nutrition)

> Je trouve qu'on a fait du bon boulot... Ce comité, donc sociologues, économistes, historiens, nutritionnistes, on se voit trois fois par an, on passe une journée ensemble, parfois une demi-journée de plus pour distribuer les moyens et, pareil, on fait comme on veut, on travaille en ce moment sur des histoires de dons, dons et contre-dons, donc une problématique plus sociologique, mais on s'est rendu compte que ça pouvait... bon à la fois pour les économistes, dons, contre-dons, y a toujours des problèmes de réciprocité, etc. qui sont intéressants, c'est les praticiens, en fait, qui avaient lancé ça, sur les échanges dans les familles, le fait que souvent, dans les troubles alimentaires, y a une problématique de l'impossibilité du contre-don qui ressort, et donc c'est la psychologue,

> qui travaille là-dessus, qui me l'a fait ressortir, elle m'a dit : « Mais voilà, les parents donnent aux enfants, les enfants aux parents, y a un déséquilibre », qui est classique dans des relations parents-enfants, mais autour de l'alimentation, ça se cristallisait un peu, et on a commencé à travailler tous ensemble là-dessus, c'était super intéressant… on aurait voulu réunir une équipe, ou chercher des financements… Jamais ! Personne n'aurait mis un kopeck sur notre affaire… et… on s'est dit : « Ben, c'est quand même un peu fort que, finalement, ça soit dans une fondation privée que… »
>
> (Directeur de recherche en économie, Inrae)

Ces chercheurs restent généralement dans l'ombre, leur nom n'apparaissant pas dans les communiqués de presse ayant pour objet de produire du doute. Mais ils peuvent aussi être appelés pour signer des tribunes dans les publications d'instances liées au secteur agroalimentaire. Il s'agit, dans des moments de controverse, de les faire réagir en utilisant leur légitimité scientifique. Par exemple, en juillet 2017, une tribune est signée par un professeur honoraire de médecine dans une publication du Cerin, une organisation qui se présente comme le département santé de l'interprofession des produits laitiers. Cette tribune, consacrée au végétarisme, met en cause les études établissant des relations entre la consommation de produits d'origine animale et la prévalence de certains cancers en détaillant les résultats de différentes études signalant des différences peu significatives de taux de mortalité entre végétariens et non-végétariens. Cette tribune paraît au moment où, en France, les instances d'expertise en matière de santé et d'alimentation (l'Agence nationale de sécurité sanitaire de l'alimentation, de l'environnement et du travail, Anses) et de santé publique (le Haut Conseil de la santé publique) envisagent la baisse des volumes de consommation de viande et de charcuterie, ainsi que de produits laitiers d'origine animale, dans les recommandations nutritionnelles. Cette tribune coïncide avec la tenue des États généraux de l'alimentation, grand moment de concertation organisé par le gouvernement afin de redéfinir un modèle agricole et alimentaire en France. C'est aussi là que des sujets tels que le bien-être animal, la réduction de la consommation de produits d'origine animale et l'instauration de menus végétariens dans les cantines scolaires sont portés par certaines organisations.

Les savoirs scientifiques ne sont pas les seuls types de produits cognitifs mobilisables par les organisations du secteur agro-alimentaire. Des arguments techniques, économiques ou juridiques sont également avancés, de façon à recadrer les débats.

RECADRER LES DÉBATS

Les problèmes techniques, juridiques, économiques ou moraux qu'une potentielle régulation pourrait entraîner font eux aussi l'objet d'une attention spécifique de la part du secteur agro-industriel, qui s'efforce bien souvent de contourner les arguments scientifiques en mobilisant d'autres registres. Qu'importent les dangers prouvés scientifiquement, puisqu'il est en réalité question d'emploi, de décisions de justice, de culture ou d'autres valeurs !

Les débats sur les régulations liées à l'alimentation et à la nutrition sont ainsi recadrés sur le terrain moral et idéologique de la liberté. Il s'agit pour les organisations du secteur d'identifier la régulation du domaine à une limitation des choix et de la liberté individuelle. Une autre tribune publiée par le Cerin illustre un tel déplacement du terrain de la santé vers celui de la morale. Le propos est de commenter le rapport remis par le professeur Serge Hercberg à la ministre de la Santé de l'époque, Marisol

Touraine, et de répondre à l'appel d'une vingtaine de sociétés scientifiques désireuses de donner un nouvel élan à la politique nutritionnelle en France en dépassant les simples mesures incitatives à l'aide d'une réglementation plus contraignante. Pour mettre en cause l'esprit des deux documents, cette tribune fait appel à un argument très prisé des industriels : réglementer le domaine de la nutrition revient à contraindre la liberté de choix des consommateurs et va à l'encontre des fonctions sociales, ludiques et psychologiques de l'acte de manger.

Ces arguments culturels – manger comme un acte patrimonial, procurant du bien-être et du plaisir plutôt que comme une question de santé publique – structurent les prises de position des entreprises de l'agro-alimentaire hostiles à la réglementation du domaine[24]. La culture et la littérature y sont habilement convoquées, en même temps que la psychologie de l'enfant et les références à la liberté : « Les goûts et préférences sont établis très précocement dans la petite enfance : ils seront évidemment modulés au cours de la vie sous la contrainte de l'évolution de l'environnement changeant. Mais la force de leur persistance, par l'association au plaisir procuré par leur satisfaction, est mythiquement symbolisée par la madeleine de Proust. Alors peut-on vouloir éduquer le consommateur pour qu'il mange ce qu'une politique particulière aura décidé de lui faire manger ? Est-ce réaliste ? Et de quel droit et au nom de quoi ?[25] » Tout au long de l'article, les mots utilisés pour qualifier les intentions de contraindre ou de réglementer en matière de nutrition relèvent du champ sémantique habituellement utilisé pour décrire des mouvements sectaires ou des régimes non démocratiques. L'auteur parle de « chasse » aux acides gras saturés, de « dogmes nutritionnels », de « guerre au gras », et mobilise des expressions telles que « royaume de la pensée unique », « conditionnement [psychologique] », « apprentis sourciers », « sectarisme », « stigmatisation », « discrimination », etc.

Bien que cet article soit publié par un institut créé et financé par les producteurs de lait, son auteur est directeur de recherche à l'Institut national de la recherche agronomique (Inra) – ce qui témoigne à nouveau de la capacité des industriels à mobiliser des scientifiques – et par ailleurs membre du comité d'experts de la Fondation Nestlé. L'article développe un argumentaire s'émancipant volontiers du registre scientifique, tout en mobilisant une légitimité scientifique pour promouvoir des prises de position politiques.

La deuxième modalité des pratiques de recadrage du débat consiste à produire de nouveaux thèmes ou concepts de recherche ou des notions alternatives qui détournent l'attention portée à des débats jugés problématiques. Ces nouveaux thèmes ou concepts sont volontiers centrés sur les comportements plutôt que sur l'offre de produits alimentaires. L'objectif est le plus souvent de redéfinir les causes d'un problème de santé publique afin de dédouaner l'industrie de toute responsabilité[26].

Mentionnée en introduction du chapitre, la promotion du thème de la diversité alimentaire en constitue un exemple éloquent, rencontré au cours de l'enquête. En 2018, cette thématique s'érige en concurrente affichée du logo nutritionnel promu par les pouvoirs publics. Comme une bonne partie des organisations du secteur, les responsables du FFAS ne voient pas d'un bon œil l'idée d'un logo indiquant la qualité nutritionnelle des aliments. Promouvoir la diversité alimentaire comme thème de recherche et de débat public apparaît comme une alternative : en soutenant que la qualité nutritionnelle relève d'un régime alimentaire plutôt que des qualités d'un aliment décrites sur une étiquette, on fragilise la pertinence du logo nutritionnel. En ouverture d'une conférence sur la diversité alimentaire, le directeur du FFAS souligne ainsi : « On a beaucoup travaillé depuis quinze mois ou un peu plus sur l'étiquetage nutritionnel et sur la composition des aliments [...]. On voit bien qu'on a travaillé pendant plusieurs années presque exclusivement sur la composition des aliments, or ce n'est pas le seul critère à l'œuvre pour définir ce qui est la bonne qualité de l'alimentation [...]. On voit qu'il y a d'autres choses, par exemple la fréquence d'un aliment à un moment donné dans votre diète alimentaire [...] et il y a aussi évidemment ce critère de diversité alimentaire[27]. »

La troisième méthode de recadrage des débats consiste à mettre en avant les difficultés financières, techniques ou juridiques que les mesures contestées ne manqueraient pas d'entraîner. Elle est le plus souvent utilisée par des représentants d'intérêts de filières du secteur. Il ne s'agit plus de combattre les savoirs sur lesquels s'appuie la nouvelle réglementation envisagée, ni de déplacer la focale vers de nouveaux savoirs ou de nouvelles notions afin de fragiliser ceux qui sont disponibles, mais de mettre en avant les impossibilités techniques – économiques et juridiques en particulier –, ainsi que les conséquences économiques négatives qui en découleraient.

Lors des débats sur l'interdiction du glyphosate, la profession agricole a ainsi misé sur l'impossibilité technique de remplacer ce produit, faute d'alternatives. Lors des débats sur la possibilité d'afficher le logo Nutri-score dans les publicités des produits alimentaires, les responsables des chaînes de télévision ont argué des « effets néfastes » que cette mention pourrait avoir sur leurs finances étant donné que « l'alimentation constitue le premier investisseur publicitaire en télévision, avec plus de 20 % du marché, soit plus de 650 millions d'euros net par an[28] ».

Dans ce même débat, une partie des industriels du secteur ont également avancé un problème juridique lié à la législation européenne. Selon eux, apposer le logo Nutri-score dans les publicités de produits alimentaires serait contraire à l'article 35 de la Constitution européenne se référant aux lois de la concurrence.

Au total, les activités cognitives mises en œuvre par les représentants du secteur agro-alimentaire se signalent par leur diversité et par les liens, souvent étroits, qu'elles établissent avec des données, des informations ou des arguments scientifiques. Ces cadres cognitifs sont promus grâce à la mobilisation de chercheurs, qui contribuent par leurs travaux à étayer les positions que l'industrie souhaite impulser. Au-delà des liens personnels, ces relations s'insèrent dans un vaste réseau composé par des représentants de l'industrie et de la recherche – un réseau patiemment élaboré à travers la création d'un grand nombre d'instances et d'organisations destinées à favoriser ces relations. Les activités politiques d'ordre cognitif se déploient dans un champ organisationnel plus large, dont il importe maintenant d'explorer les principaux traits.

2

Science et pseudoscience

Le 15 février 2018, le Centre national interprofessionnel de l'économie laitière (Cniel) clôt un appel à projets lancé quelques semaines auparavant sur la thématique « Produits laitiers et fonctions cognitives ». Cet appel à projets, en direction de la communauté scientifique, ambitionne de susciter des travaux visant à « accroître les connaissances scientifiques sur l'interaction entre l'alimentation, et plus spécifiquement les produits laitiers, et les fonctions cognitives telles que l'attention, la mémoire, la pensée, les apprentissages, la perception ». Un intérêt particulier est porté à l'enfance, période de croissance à laquelle sont d'ordinaire associés les produits laitiers, ainsi qu'à la question du vieillissement cérébral, objet de toutes les attentions et « actuellement sans réponse », assortie d'un budget de 400 000 euros, mis à disposition d'une ou de plusieurs équipes. Il est entendu que ce soutien « ne pourra en aucun cas se limiter à un contrat de financement », et que « le projet de recherche fera l'objet d'un contrat qui prendra nécessairement la forme d'un partenariat de recherche (ou contrat de collaboration) ». Autrement dit, l'appel à projets ne vise pas tant à financer des recherches qu'à favoriser des rapprochements entre le Cniel et les équipes de recherche disposées à entrer dans une logique de coproduction de connaissances sur ce sujet. Cette démarche, qui permet à un organisme issu de l'industrie laitière, familier des mondes académiques, de s'attacher les services des scientifiques en vue de produire des savoirs potentiellement intéressants pour la filière, illustre la façon dont des activités politiques d'ordre cognitif, mobilisant des connaissances, sont rendues opérationnelles par des organismes spécialisés, particulièrement nombreux et actifs.

Plus généralement, dans le secteur agro-alimentaire, les activités cognitives sont mises en œuvre par des chercheurs issus de plusieurs disciplines et par des organisations de type *think tank*, dont le nombre et la variété étonnent.

FONDATIONS, CENTRES D'ÉTUDE ET INSTITUTS DE RECHERCHE

Sans être des organismes d'enseignement et de recherche ni des organes de presse, les organisations fondées pour façonner des cadres cognitifs se présentent comme des instances « scientifiques » et « d'information » sur les questions d'alimentation, de nutrition et de santé. Les entreprises de l'agro-alimentaire peuvent aussi passer par des instances plus officielles et reconnues, comme des universités ou des centres de recherche, et à l'occasion par des événements scientifiques – congrès, conférences, journées d'étude spécialisées.

L'enquête a permis d'identifier une vingtaine d'organisations créées par les entreprises du secteur agro-alimentaire et se présentant comme des instances de recherche et d'information sur les questions nutritionnelles. Ce sont en réalité des laboratoires d'idées. Leur fonction est de mobiliser les connaissances scientifiques qui serviront à défendre un agenda politique, c'est-à-dire aussi, en l'espèce, un agenda économique. Ces *think tanks* financent d'abord des activités de recherche au moyen de prix, de bourses ou d'autres types d'appels en direction du monde scientifique. Le cas cité en introduction en offre une illustration. Ils diffusent aussi des informations à caractère nutritionnel auprès des professionnels de santé. Le Nutrition Science Corner, de Mondelēz, ou Nutripro, de Nestlé, en sont des exemples. Ces deux sites fournissent des dossiers thématiques, des vidéos, des ressources pédagogiques et de nombreux contenus liés aux questions de nutrition et de santé. Enfin, ces laboratoires d'idées organisent des événements scientifiques. La journée annuelle Benjamin Delessert, mise en place par l'institut du même nom, permet à des chercheurs de présenter leurs travaux sur un ou deux thèmes scientifiques préalablement choisis. En 2019, l'Institut Delessert propose par exemple des présentations autour du thème « Le plaisir, allié d'une alimentation saine ? ».

Ces organisations satellites du secteur agro-alimentaire prennent des dénominations et des formes juridiques variées : ce sont des fondations, des fonds, des instituts ou des centres d'étude. Elles n'arborent généralement pas le nom des entreprises ou des secteurs qui les financent, ce qui renforce une apparence de neutralité. De même, leur nom ne permet pas nécessairement d'identifier directement leurs sources de financement ni les liens qu'elles entretiennent avec des entreprises : Nutripro, « Centre d'étude et d'information », etc.

Deux organisations identifiées dans la catégorie *think tanks* attirent l'attention au regard de la densité des « liens directs reçus », c'est-à-dire du nombre d'organisations du secteur ayant avec elles un lien direct (figures 1et 2). Il s'agit du FFAS et du *Think Tank* agro-alimentaire, qui se distinguent aussi par le fait qu'ils regroupent en leur sein aussi bien des entreprises que des organisations représentant des intérêts économiques.

Le grand nombre des entreprises qui le financent permet au FFAS de revendiquer une certaine indépendance à leur égard. Cette prétention est accrue par sa collaboration avec des personnalités issues d'institutions publiques. Le FFAS se présente comme une institution visant à favoriser le dialogue entre scientifiques et industriels « afin de consolider un partenariat durable au service d'une politique de santé publique globale ». Pour ce faire, il organise des événements et élabore des publications sur des thèmes liés à la nutrition et à la santé. Il finance des recherches et des programmes d'action dans le champ de la nutrition et de l'alimentation. Il participe à de nombreuses instances publiques de concertation dans ce même domaine, comme le Conseil national de l'alimentation (CNA). Son conseil d'administration, chargé de la direction stratégique, est présidé par un ancien chercheur de l'Inra et inclut, outre le directeur général de l'Alimentation du ministère de l'Agriculture, des représentants des grandes entreprises et organisations de la filière agro-alimentaire (Unibel, Ferrero, l'Association nationale des industries alimentaires, etc.) ainsi que plusieurs scientifiques, parmi lesquels deux chercheurs de l'Inrae. Le FFAS compte par ailleurs un conseil scientifique dans lequel les profils scientifiques sont nombreux, favorisant ses liens avec différentes communautés académiques.

Le *Think Tank* agro-alimentaire fut pour sa part créé en 2015 par la filière événementielle du groupe Les Échos-Le Parisien. Ce centre de réflexion se présente comme une force de proposition visant à améliorer la compétitivité de la filière agro-alimentaire. Il publie chaque année des recommandations sur la politique agricole et alimentaire en France. Il compte 29 membres, dont les principales organisations patronales de la filière agro-alimentaire (Coop de France, Ania, Fédération du commerce et de la distribution, Union française des semenciers, Fédération nationale des syndicats d'exploitants agricoles, etc.) et la Fédération des entreprises et entrepreneurs de France. S'y associent de grands groupes du secteur (Invivo, Les Mousquetaires, Fleury Michon, Elior, Petit Navire,

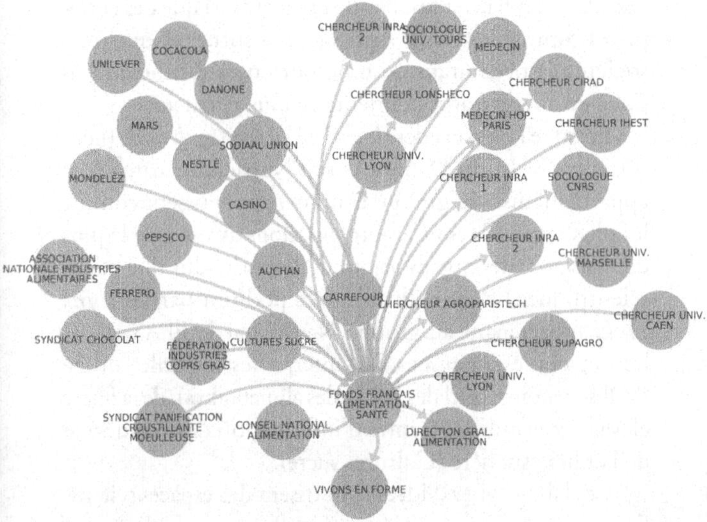

Figure 1 : Liens reçus et émis par le FFAS (2018).
Source : Auteurs via le logiciel Kumi.io.

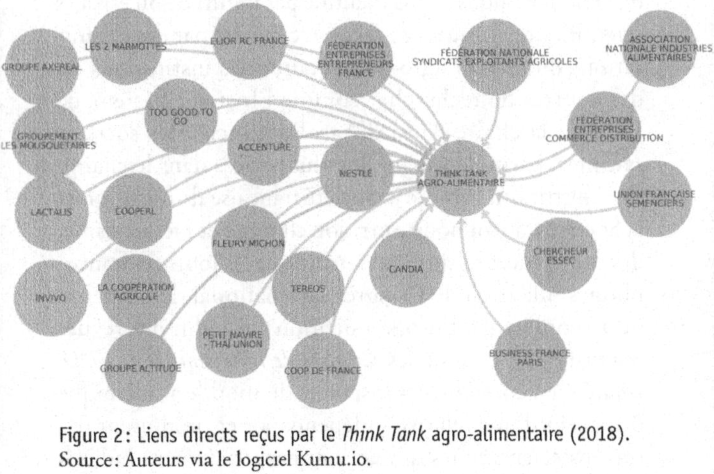

Figure 2 : Liens directs reçus par le *Think Tank* agro-alimentaire (2018).
Source : Auteurs via le logiciel Kumu.io.

Lactalis, Candia, Tereos, Nestlé France) ainsi que des entreprises comme le Crédit Agricole, Accenture et quelques sociétés se présentant comme porteuses d'innovations pour un modèle agro-alimentaire plus vertueux.

Lorsque l'on considère l'activité de ces *think tanks* (liens sortants), l'Institut Danone et son Nutricia Research (qui appartient aussi au groupe Danone) apparaissent comme les plus actifs. Ce sont les organisations ayant tissé le plus de liens avec des organisations et des individus du champ scientifique. Ils sont suivis sur ce podium par les *think tanks* appartenant au groupe Nestlé, par le FFAS et par les « machines à penser » de l'interprofessionnelle laitière (l'Observatoire Cniel des habitudes alimentaires), de la filière élevage et viande (le Centre d'information des viandes) et de la filière sucrière (Cultures sucre).

Ces laboratoires d'idées investissent des espaces scientifiques pour promouvoir des points de vue et des lignes de recherche susceptibles de favoriser leurs prises de position sur les questions d'alimentation et de nutrition. Au cours de l'enquête, nous avons identifié pas moins de 30 espaces scientifiques noyautés de façon récurrente par des organisations du secteur agro-alimentaire : des institutions ou des centres de recherche, comme l'Institut Pasteur de Lille ou la chaire Anca d'AgroParisTech ; des sociétés savantes, parmi lesquelles les plus actives dans le champ de la nutrition, comme la Société française de nutrition et la Société francophone nutrition clinique et métabolisme, des conférences scientifiques, telles que les Journées francophones nutrition, le Congrès international de nutrition ou la conférence Europe nutrition ; et enfin des revues scientifiques, comme les *Cahiers de nutrition et de diététique*. Bien entendu, ces instances du monde académique disposent d'une relative indépendance et produisent des travaux scientifiques qui ne sont pas strictement indexés à l'agenda politique du secteur agro-alimentaire. Mais les liens qu'ils entretiennent *de facto* avec la filière, et plus encore avec des *think tanks* à travers lesquels ces entreprises interviennent dans les espaces académiques, sont de nature à les exposer à ces agendas.

Plus que d'autres, certaines instances ou certains espaces académiques sont exposés aux activités « scientifiques » des *think tanks*, dont les formes d'intervention sont à la fois organisées et répétées, beaucoup plus systématiques que d'éventuels liens individuels d'intérêts, qui ne représentent bien souvent que la partie émergée d'un iceberg de relations patiemment construites. Pour autant, ces relations ne sont pas abstraites, elles sont incarnées par les individus qui prennent part, plus ou moins activement ou délibérément, aux activités politiques d'ordre cognitif des entreprises du secteur agro-alimentaire. Qui sont ces experts ? De quelles disciplines relèvent-ils ? Et quels liens entretiennent-ils avec les nombreuses instances actives dans ce registre d'activités ?

LES EXPERTS ET LEURS COMPÉTENCES DISCIPLINAIRES

Pour assurer une présence dans le champ scientifique, les organisations du secteur agro-alimentaire s'appuient sur des experts académiques qui agissent en tant qu'intermédiaires entre le monde économique et celui de la recherche. Par le biais de ces « intermédiaires », les *think tanks* et les entreprises peuvent prendre connaissance de savoirs contradictoires ou se renseigner sur des controverses scientifiques. Mais aussi engager d'autres chercheurs à écrire des tribunes favorables aux intérêts industriels dans des organes de communication de l'industrie, ou sur d'autres types de supports.

Dans le cadre de l'enquête, nous avons identifié 87 scientifiques ayant eu au moins un lien institutionnel formel avec des organisations de la filière, en tant que membres avérés de comités d'experts créés et dirigés par des *think tanks* de l'industrie. Soulignons à nouveau que, d'un point de vue méthodologique, la prise en compte de ces liens formels a un caractère extrêmement limité : non seulement ces liens n'incluent pas les très nombreux financements de recherche, mais ils ignorent aussi, puisque leur composition n'est pas publique, une partie des comités d'experts et les comités scientifiques mis en place par les industriels. Le nombre d'institutions académiques concernées par ces liens directs est très important : plus d'une trentaine d'universités ou de centres de recherche sont identifiés dans notre échantillon. Parmi elles, l'Inrae fournit, en raison même de ses domaines de compétence, le plus de scientifiques aux *think tanks* de l'industrie agro-alimentaire (20) ; arrivent ensuite Montpellier SupAgro (7), le CNRS (7) et le Centre de coopération internationale en recherche agronomique pour le développement (Cirad, 7).

Toutes les disciplines scientifiques ne sont pas également susceptibles d'être associées, à travers certains de leurs représentants, aux activités d'ordre cognitif de l'industrie agro-alimentaire. Quatre catégories peuvent être distinguées. La première, qui est aussi la plus représentée, est celle des sciences médicales et les sciences de la vie. Notre enquête a recensé 40 chercheurs, des scientifiques spécialisés en physiologie nutritionnelle, qui travaillent sur les mécanismes biologiques de la métabolisation des nutriments et leurs effets sur la santé. Le deuxième groupe disciplinaire le plus représenté comprend une vingtaine d'individus dans notre échantillon. Il est constitué d'experts travaillant sur les dimensions socioculturelles de l'alimentation, en sciences humaines et sociales, plus particulièrement la sociologie, la psychologie, l'anthropologie et l'éthique. Le troisième groupe, composé de 16 experts en économie et en géographie, étudie le système alimentaire comme activité productive et commerciale ainsi que l'économie politique de la production alimentaire. Parmi les disciplines actives dans le domaine nutritionnel, les expertises les moins représentées relèvent de la santé publique, et plus particulièrement de l'épidémiologie nutritionnelle, qui ne semble pas d'un intérêt prioritaire pour les industriels du secteur. Il est à noter que, parmi les 87 chercheurs de notre échantillon liés à la filière, plus de la moitié ont ou ont eu récemment des responsabilités de direction dans leurs institutions académiques – signe que la filière agroalimentaire n'est sans doute pas sensible seulement à l'expertise scientifique et aux connaissances proprement dites, mais aussi à la position institutionnelle des chercheurs dont elle convoite le concours. Les activités cognitives et politiques sont ici étroitement associées.

Ces associations dépassent les seules institutions académiques. Les *think tanks* de la filière recrutent aussi des personnes dont le profil professionnel est à dominante académique, des professionnels ayant obtenu des doctorats dans des universités prestigieuses, dans les domaines qui les intéressent. C'est ce qu'illustre les organismes liés à la filière laitière, dont nous avons souligné la forte implication du côté des sciences. Ainsi, la directrice de l'Ocha, l'un des *think tanks* de l'interprofessionnelle laitière, est une anthropologue ayant soutenu une thèse de doctorat à l'EHESS. Le Cerin, de son côté, compte dans son équipe un docteur en nutrition de l'université Columbia, aux États-Unis. Les exemples de ce type pourraient être multipliés. Ils donnent à voir l'importance de ces profils scientifiques dans ces instances destinées à construire des liens avec le monde académique.

Placés à la tête d'instances intermédiaires, ces profils professionnels jouent un rôle clé dans leur bon fonctionnement. Leur pedigree académique confère une légitimité scientifique aux *think tanks*, dont le rang en la matière est presque nul. En outre, ces professionnels disposent de réseaux qui favorisent l'évolution du *think tank* au sein du champ scientifique. Enfin, ces professionnels connaissent les codes des univers scientifiques, leur langage et leurs logiques. Ils sont familiers des traditions théoriques, des méthodes, de l'épistémologie des champs disciplinaires auprès desquels ils interviennent. Ils bénéficient de dispositions sociales acquises au cours de leur formation qui leur permettent d'établir des ponts entre les mondes scientifique et économique.

Au total, l'action d'organismes spécialisés, créés et organisés par des entreprises du secteur agro-alimentaire pour favoriser des contacts avec différents mondes scientifiques, est efficacement relayée, à une échelle plus individuelle, par les compétences éprouvées de professionnels issus des mondes de la science et délibérément associés aux activités de ces organismes. Munis de compétences spécialisées, à la fois scientifiques et relationnelles, ces professionnels intermédiaires tissent, favorisent et confortent des liens établis auprès de nombreuses communautés académiques. Si toutes les disciplines ne sont pas également représentées, leur diversité et leur nombre assurent une porosité continue entre les deux mondes, scientifique et industriel. Ces relations ont en effet une valeur économique, liée aux usages qui peuvent en être faits auprès d'autres sphères, notamment politiques, qu'il convient à présent d'explorer plus précisément.

3

Au plus près des décisions

Le 13 mars 2019, une quarantaine de personnes se réunissent dans la belle salle voûtée du Café Louise, au centre de Paris, pour participer à un petit déjeuner-débat sur le thème « Santé et alimentation ». Six parlementaires y côtoient des représentants de l'industrie et des professionnels de la communication, conviés par le Cercle prévention & santé et par le Club de la table française, un club parlementaire très actif en matière d'alimentation, de gastronomie et de nutrition. Ce matin-là, on discute en toute convivialité, et dans un lieu neutre, du rôle de la nutrition dans la prévention. Les élus se familiarisent avec des arguments que diffusent des représentants de l'industrie, prompts à souligner les vertus de certains aliments ou à distiller leurs préventions contre une régulation trop directe de leurs activités. Ces activités relationnelles complètent le travail de longue haleine mis en œuvre au titre des activités d'ordre cognitif, dans le domaine scientifique, que les précédents chapitres ont permis de décrire.

La production d'énoncés justifiant les positions des entreprises du secteur agro-alimentaire a pour but d'influer sur les politiques nutritionnelles. Pour y parvenir, les *think tanks* doivent mettre en œuvre un registre spécifique d'activités relationnelles, qui consiste cette fois à faire circuler leurs arguments auprès des décideurs politiques. Ces pratiques relationnelles se développent à trois niveaux : 1) la circulation des prises de position du secteur parmi les élus et autres acteurs de la décision publique ; 2) l'établissement d'alliances en dehors des espaces politiques, afin de créer des rapports de force favorables à l'industrie ; 3) la substitution des représentants politiques par les industriels afin de promouvoir eux-mêmes des politiques publiques dans le domaine de la nutrition et de l'alimentation.

LA CIRCULATION DES ÉNONCÉS

Les arguments en faveur des entreprises agro-alimentaires n'ont de valeur que s'ils sont mis en circulation dans des espaces pertinents, au plus près des décideurs et de leurs conseillers. Certains de ces espaces ont un caractère permanent et institué, d'autres sont occasionnels et éphémères, selon les enjeux et les politiques du moment. Ils composent ensemble un vaste espace de relations, qui favorisent la diffusion d'arguments ou la négociation de politiques publiques.

Le secteur agro-alimentaire investit des arènes instituées où s'élaborent des décisions publiques. Certaines instances, comme le Conseil national de l'alimentation (CNA) ou le Conseil national de la consommation (CNC), sont d'ailleurs prévues à cet effet, dans une logique de représentation des intérêts. D'autres, réputées plus indépendantes, à l'image d'une agence d'expertise comme l'Agence nationale de sécurité sanitaire de l'alimentation, de l'environnement et du travail (Anses), soucieuse d'une gestion systématique des liens d'intérêts, font l'objet d'une approche plus prudente. Pour faire connaître ses positions auprès des représentants et décideurs politiques, l'industrie mobilise par ailleurs des commissions parlementaires consacrées à des questions touchant à l'alimentation, ou des permanences de parlementaires élus dans les circonscriptions où sont établies les entreprises de la filière. Ces pratiques directes de représentation d'intérêts mettant en relation les représentants des deux mondes, industriel et politique, relèvent à ce titre de ce qu'il est classiquement convenu d'appeler des activités d'influence ou de lobbying. Elles ne constituent cependant qu'une part modeste de l'éventail beaucoup plus large des activités politiques mises en œuvre par les entreprises agro-alimentaires.

Au cours de l'enquête, de nombreux exemples de relations directes ont été présentés comme autant de cas d'une démarche plus largement répandue. Ainsi, le sobre communiqué de presse de Coop de France (réunion de coopératives agro-alimentaires françaises) propose, le 16 mai 2018, une synthèse de la rencontre entre ce syndicat et le ministre de l'Agriculture, Stéphane Travert, lors de la séquence législative relative au projet de loi pour l'équilibre des relations commerciales dans le secteur agricole et alimentaire et une alimentation saine et durable[29]. Coop de France souligne qu'il était question, lors de cette rencontre, de faire part au ministre des positions prises sur le projet de loi ainsi que de suggestions de modifications. Et de préciser : « Dans un esprit d'écoute réciproque, cet échange a permis, à une semaine du débat en séance publique à l'Assemblée nationale sur le projet de loi […], d'analyser les propositions d'amendement formulées par Coop de France. Il a également permis un échange sur l'avenir de la politique agricole commune. » Le communiqué reprend un ensemble de points du texte de loi à propos desquels l'organisation agricole déclare se montrer « très vigilante sur l'opérationnalité des dispositions formulées et leurs délais de mise en œuvre ».

Dans le même ordre d'idées, l'organe de presse de la Confédération française de la boucherie fait état de rencontres avec le rapporteur de la loi Agriculture alimentation ainsi qu'avec des députés, ces rencontres ayant permis l'adoption d'un amendement interdisant l'usage de l'appellation « steak » pour les produits végétaux ne contenant pas de viande. De manière cette fois plus triomphante, *La Boucherie française* proclame ainsi : « Les carottes bientôt cuites pour le steak de soja ! » Et de faire état d'une « victoire historique qui vient récompenser le travail de la confédération » après ces rencontres auprès de parlementaires[30].

Les contacts directs des organisations sectorielles avec des décideurs publics sont facilités par l'existence de relations préalables entre secteurs économiques et politiques, parfois au plus haut niveau. Un responsable des affaires publiques nous a ainsi décrit les moyens que son organisation a mobilisés pour rencontrer la ministre de la Santé lors de la séquence politique sur l'étiquetage nutritionnel grâce à des contacts « directs » à l'Élysée et à Matignon :

> On a vu son directeur de cabinet… mais en fait, c'est ça, on voulait discuter avec elle, quand même, et au bout d'un moment on s'est un peu énervés auprès de l'Élysée et de Matignon, en disant : « Écoutez, on ne comprend pas, on arrive à voir le président de la République, on arrive à voir le Premier ministre, on arrive à voir à peu près tous les ministres du gouvernement, le commissaire européen à la Santé qui vient à Paris demande à nous voir… », parce qu'il voyait que le débat commençait à agiter le truc, mais le lobbying à Bruxelles est très différent du lobbying à Paris… C'est-à-dire que, pour le commissaire européen à la Santé, il n'y a aucun problème de rencontrer l'industrie agro-alimentaire, ça ne veut pas dire qu'il partage […], mais c'est important pour lui de voir toutes les parties prenantes. Et la ministre de la Santé, à l'époque, pour des raisons d'image politique, un peu d'idéologie, etc., ne voulait pas nous voir. Donc on dit à l'Élysée : « Ce n'est pas normal. » L'Élysée finit par obliger Marisol Touraine à nous rencontrer, et elle boude et nous envoie son directeur de cabinet, avec qui le rendez-vous se passe très mal…
>
> (Directeur des affaires publiques dans le secteur agro-alimentaire)

Dans le même esprit, en 2009, un membre du cabinet du ministère de la Santé témoigne de ces contacts directs et des interférences qu'ils produisent dans les circuits de la décision publique :

> Nous avions des consignes qui venaient de l'Élysée et Matignon, qui disaient : « N'oubliez pas que l'agro-alimentaire est le premier secteur en termes de création d'emplois, il ne faut pas tout casser non plus. » Quand on y était, il y avait un court-circuit très net, X [nom de l'acteur du secteur agro-alimentaire mentionné anonymisé] était en contact direct avec l'Élysée. C'est à travers ces contacts directs qu'il faisait passer l'argumentaire des emplois, l'économie, etc.
> (Membre du cabinet de la ministre de la Santé en 2009)

Les organisations du secteur agro-alimentaire établissent des contacts avec des décisionnaires, mais aussi avec plusieurs instances d'expertise, de mise en œuvre et de construction de la décision publique liées à la politique nutritionnelle en France. L'Anses produit des expertises, entre autres dans le domaine de la nutrition humaine, qui étayent des décisions en la matière. Santé publique France a pour mission de développer des instruments d'action concrets, notamment des messages publicitaires ou des repères relatifs à la nutrition et à la santé. Le Conseil national de l'alimentation, instance gouvernementale de concertation en la matière, est chargé d'émettre des avis sur les décisions prises. Le programme national Nutrition santé (PNNS) définit les orientations et les instruments à mettre en œuvre en matière de nutrition pour améliorer la santé de la population. Le programme national pour l'alimentation s'efforce de favoriser les actions permettant, entre autres, d'améliorer l'alimentation de la population. Enfin, en matière de restauration collective non commerciale, le Groupement d'étude des marchés en restauration collective et nutrition (GEMRCN) était chargé, jusqu'en 2016, d'établir des recommandations sur la composition et la fréquence des repas servis dans la restauration collective.

Cinq de ces six instances associent officiellement, et dans des proportions variées, des représentants du secteur agro-alimentaire dans leurs organes de gouvernance. Parmi ces représentants figurent des organisations patronales du monde agricole, comme la Fédération nationale des syndicats d'exploitants agricoles (FNSEA), Coop de France, Jeunes Agriculteurs (JA), des industries de transformation (Ania) et de distribution (FCD), des entreprises de la restauration collective (le Syndicat national de l'alimentation et de la restauration rapide, le Syndicat national de la restauration collective, RestauCo et le Groupe d'étude de la consommation hors foyer) ainsi que des organisations satellites de l'interprofessionnelle laitière (Cerin) et de l'interprofessionnelle de l'élevage à viande (Centre d'information des viandes).

Outre les instances permanentes, des lieux plus éphémères sont impliqués dans la production des politiques nutritionnelles : les groupes de concertation mis en place par les ministères pour échanger autour d'enjeux d'alimentation, de nutrition et de santé. Le ministère de l'Agriculture dispose de nombreux groupes de ce type, dans lesquels le secteur agricole est représenté. C'est ce qu'illustre par exemple la liste des participants au groupe de concertation « Gestion des éléments nutritifs et des émissions vers les milieux ». Des représentants des ministères concernés (celui de la Transition écologique et solidaire et celui de l'Agriculture et de l'Alimentation) y côtoient des représentants des chambres d'agriculture (APCA), des exploitants agricoles (FNSEA) ou des coopératives agricoles (Coop de France). Seule une ONG, France Nature Environnement (FNE), siège au sein de ce groupe.

Être présent dans les commissions qui rédigent des rapports destinés à éclairer le législateur ou l'administration sur un problème de santé publique est une modalité ordinaire d'intervention dans les arènes politiques. C'est ce qu'illustre, parmi de nombreux autres exemples, le rapport commandé en 2009 par le président Sarkozy à Anne de Danne pour la prévention et la prise en charge de l'obésité. Les remerciements y incluent une formulation chaleureuse à l'endroit de cette responsable des affaires institutionnelles au sein de l'Association nationale des industries alimentaires, dont « la participation très active aux travaux de la commission » est mise en avant[31].

Au sein des espaces institutionnels, la négociation d'arbitrages favorables aux positions de l'industrie exige la recherche d'échanges construits avec des représentants politiques. Certains des exemples précédents le laissaient déjà percevoir. Des tractations sont possibles lorsqu'un rapport de force a été installé entre l'industrie et les décideurs politiques. Un ancien député, connu pour ses engagements sur les questions de santé publique, nous raconte une séquence politique relative à l'interdiction des distributeurs de boissons sucrées dans les écoles et les lycées en France. Une fois l'interdiction votée au Parlement, les organisations du secteur ont, à différentes reprises, tenté de réintroduire les distributeurs dans les établissements scolaires par le biais d'autres projets de loi :

> Ils ont continué ; à chaque projet de loi où l'on pouvait éventuellement introduire quelque chose sur les distributeurs, ils l'ont fait. Donc, si vous voulez, j'avais été obligé de pratiquer une veille parlementaire extrêmement précise…
> (Député à l'Assemblée nationale jusqu'en 2012)

Face à ces tentatives, le député a décidé de proposer une nouvelle loi visant cette fois à développer une signalétique identifiant les produits de mauvaise qualité nutritionnelle. À la suite de cette proposition de loi, il reçoit la visite d'une des entreprises majeures dans le secteur des sodas, qui lui fait l'offre suivante :

> Le lendemain, le président de [anonymisé] a demandé rendez-vous, il est venu me voir, il m'a dit : « Écoutez, on arrête [de continuer à essayer de réintroduire les distributeurs de sodas dans les établissements scolaires]. On arrête, mais, de grâce, n'allez pas jusqu'à commencer à ouvrir le chantier d'une… disons, d'une information sanitaire, d'alerte sanitaire sur nos produits.
>
> (Député à l'Assemblée nationale jusqu'en 2012)

Dans le même sens, un responsable de l'Institut national de prévention et d'éducation pour la santé (INPES) rapporte, durant l'enquête, la proposition que lui ont faite les représentants de l'industrie au moment des débats autour d'une potentielle interdiction de la publicité des produits trop gras, trop sucrés, trop salés dans les programmes télévisuels destinés aux enfants :

> Oui. Enfin c'était le cabinet, ce n'était pas moi spécialement. Après, le CSA [Conseil supérieur de l'audiovisuel] allait faire une pression terrible sur l'INPES, parce que de ces négociations… voilà, il en est sorti que… les industriels, enfin les chaînes et tout ça, proposeraient des tarifs préférentiels pour les campagnes de prévention : « Vous nous laissez faire ce qu'on veut sur la publicité, mais on vous donnera des tarifs plus intéressants pour insérer vos campagnes de prévention… »
>
> (Fonctionnaire affecté à l'INPES en 2009)

Ces pratiques sont aussi développées hors des espaces politiques ordinaires, afin de sensibiliser les décideurs publics aux prises de position et énoncés soutenus par les industriels. Le ministre de l'Agriculture, Stéphane Travert, et d'autres personnalités politiques (élus locaux, députés, membres de l'administration) sont régulièrement invités aux assemblées générales des instances de la filière laitière, à des visites ou à des ouvertures d'usines, ainsi qu'à des événements de communication plus ludiques, tels que la fête du pain organisée par l'interprofessionnelle de la filière. Tous ont des intérêts communs dans ces mises en relation, qui relèvent de leurs responsabilités respectives et dont ils signalent volontiers l'existence, notamment sur les réseaux sociaux. Au moment de l'enquête, en mai 2018, Anne Hidalgo, maire de Paris, twitte par exemple lorsqu'elle se rend auprès de boulangers : « Aujourd'hui, c'est la fête du pain à #Paris. L'occasion de célébrer l'excellence du savoir-faire des artisans boulangers, représentants de la #gastronomie du quotidien. #Fête du pain #commerce. » Le ministre de l'Agriculture apparaît, quant à lui, sur une photo de l'interprofessionnelle laitière où on le voit lever le coude un verre de lait en main en compagnie de représentants de la filière, qui signalent : « Un verre de lait pour le ministre @StTRAVERT @ThRoquefeuille, @JDecerle au congrès de la @FNPLait à Vannes @FDSEA56. » Les comptes des représentants politiques et des organisations de la filière signalent abondamment ce type de participations, qui peuvent aussi faire l'objet d'investigations sociologiques quantifiées (sur lesquelles nous reviendrons). Comme on le voit, ces relations sont d'une grande diversité. Directes ou indirectes, elles sont mises en œuvre dans des instances permanentes ou de manière plus ponctuelle, à l'instar des déjeuners ou dîners associés à des débats, qui permettent de sensibiliser des personnalités politiques aux prises de position de l'industrie. Comme nous l'indique un ancien député, ces activités sont très répandues :

> Quand vous êtes parlementaire, vous pouvez prendre un petit-déjeuner, un déjeuner et un dîner tous les jours invité par… des cabinets qui font que ça et qui vous font entendre des interventions très intéressantes, avec parfois des experts, etc. Vous pouvez y aller tous les jours. Et c'est toujours intéressant, sauf que c'est le point de vue particulier, avec un choix d'intervenants particulier, choisi par les organisateurs…
>
> (Député de la XIVe législature)

Le Club de l'Europe est l'un des « lieux » où ce type d'activités est régulièrement mis en œuvre. Cette institution est animée par le cabinet d'affaires publiques Euro Politic, dont l'activité consiste à organiser petits-déjeuners, déjeuners et dîners autour de thèmes d'actualité. En avril 2018, en pleine élaboration de la loi Alimentation et santé, une des grandes entreprises du secteur des semences et des produits phytosanitaires, Syngenta, organise par exemple un déjeuner dans le restaurant parisien Au pied de cochon à l'intention de parlementaires. L'invitation qui leur est adressée ne manque pas d'évoquer l'engagement du groupe en faveur de l'agriculture, ainsi que ses « 1 500 collaborateurs directs en France ». Syngenta mobilise des arguments scientifiques, ce soir-là relatifs au climat et au changement climatique, pour montrer que l'agriculture est une partie de la solution, car elle représente une « pompe à carbone » – pour peu qu'on lui apporte les adaptations nécessaires et les « technologies appropriées », que produit précisément l'industriel.

Les rencontres ne se déroulent pas toujours dans des cadres favorables aux relations mondaines. Elles peuvent avoir un caractère plus simple et informel, parfois plus adapté aux personnes dont il s'agit de capter l'attention. On se rencontre alors autour d'une « bonne table », comme nous le rapporte au cours de l'enquête un expert travaillant auprès d'une agence d'expertise dans le domaine de l'alimentation :

> L'industrie, moi, je n'ai pas du tout senti d'influence… Bon, ils étaient intéressés pour savoir où on en était ou… etc. Il y a deux-trois personnes qui m'ont contacté, j'ai été par exemple sollicité par [le nom de l'entreprise a été anonymisé] là, voilà, ils m'ont dit : « Est-ce qu'on pourrait se voir pour déjeuner, par exemple, ou un truc comme ça ? » J'ai dit d'accord. Donc on est allés déjeuner au coin là-bas. [rire] Alors donc en gros oui, c'était du lobbying, ils m'ont expliqué : « Les jus de fruits c'est difficile, machin, le contexte

est serré, il y a des emplois à la clé, etc. », et en gros ils ont dit : « Est-ce qu'à la fin vous allez dire… ? »

(Expert du groupe Nutrition humaine de l'Anses)

L'établissement de liens ne passe pas seulement par des moments partagés, il a aussi recours à la distribution de faveurs de diverses natures. Bien qu'indirectes, certaines ont un caractère pécuniaire, d'autres se traduisent par des invitations à des événements ou par de menus cadeaux. Une rémunération sera proposée à un décideur (ou ex-décideur) pour intervenir dans une conférence. Les organisations sectorielles aussi se montrent généreuses en dons ou en « cadeaux » tels que l'accès à des espaces sociaux prestigieux ou la rencontre de personnalités « très importantes ». Un membre du cabinet de la ministre de la Santé en 2010 nous décrit les cadeaux qu'elle reçoit, plusieurs années après avoir exercé dans un cabinet, de la part de certaines marques agro-alimentaires :

> On reçoit des cadeaux, on reçoit à Noël un paquet avec des chocolats X [le nom de la marque citée a été anonymisé], des chocolats, des machins, et puis c'est Y [le nom de la marque a été anonymisé], c'est ça, voilà, ce genre de trucs, on n'a rien demandé et puis tout à coup on reçoit un colis avec des choses où on nous souhaite « Joyeux Noël ! » et « Bonne année ! ».
>
> (Membre du cabinet du ministre de la Santé en 2009)

Les événements sportifs « de prestige », comme le tournoi de tennis de Roland-Garros ou certains matchs de football ou de rugby, sont souvent mentionnés par nos interlocuteurs parmi les endroits où l'industrie invite les individus associés à la décision publique. Ils favorisent un entre-soi savamment organisé, où se côtoient divers profils le temps d'une rencontre dans un cadre agréable, ainsi que s'en souvient un membre de cabinet ministériel :

> Avec le cabinet, c'était plus de l'enrobage qu'autre chose. Il était question d'entretenir les relations. Il y avait les cartons de chocolats pour Noël, ou le dîner avec plein de personnes ou… Roland-Garros! Roland-Garros, c'est le lieu pour ce genre de choses, Roland-Garros ou le Stade de France. En fait, ils ont tous des loges, il y a un déjeuner où l'on est peut-être… dix… Je m'étais posé des questions sur si j'y allais ou pas, et dans le déjeuner on retrouve tous les interlocuteurs interministériels qui sont là, et là on se dit: « Je vois qu'on s'est pas posé trop de questions de l'autre côté! », des journalistes… voilà, sachant que, oui, il y a quelqu'un du groupe [le nom du groupe industriel mentionné a été anonymisé] à table, mais je n'ai pas le souvenir qu'on a parlé du sujet, c'est vraiment un truc relationnel, pour créer un réseau et savoir que, voilà, à un moment donné, je pense qu'ils doivent se dire: « Voilà, on a été sympas, si on a besoin d'un truc de dernière minute on pourra s'appeler. »
>
> (Membre du cabinet du ministre de la Santé en 2009)

Des événements culturels comme le Festival de Cannes donnent aussi lieu à des invitations et à des gratifications du secteur agro-alimentaire, souvent appréciées par des individus associés à la décision publique.

> Voilà, à l'époque on avait quelqu'un au cabinet [le nom et le poste de la personne citée ont été anonymisés] qui, lui, adorait ce type d'invitations, et notamment, lui, il allait au Festival de Cannes chaque année, voilà, c'était son truc, il était content, il rencontrait Catherine Deneuve, Machin Machin, il nous montrait les photos, il était tout content, voilà, donc il y en a ça marche, hein, ce genre de flatteries…
>
> (Membre du cabinet du ministre de la Santé en 2009)

Les différentes lois passées au cours des dernières années pour limiter ce type de « cadeaux » ne semblent pas avoir totalement atteint leurs objectifs. Dans cet esprit, le député Richard Ramos dénonce en juin 2018 dans les médias l'envoi d'une bouteille de vin à tous les députés par un industriel du secteur. Au-delà du caractère anecdotique et presque véniel de cette pratique, que se rappellent facilement nombre d'élus, de décideurs ou de conseillers, c'est d'une activité collective construite et systématique qu'il est question. Moins facile à appréhender dans sa globalité que les menues expressions qui la constituent au quotidien, elle vise à favoriser la mise en relation régulière et répétée de professionnels du secteur agro-alimentaire et d'experts identifiés par leurs soins avec des décideurs ou des conseillers impliqués dans l'élaboration des politiques publiques. Tout aussi systématique et organisée, la création d'alliances constitue une autre ressource stratégique pour le secteur agro-alimentaire.

CRÉER DES ALLIANCES HORS DU CHAMP POLITIQUE

Perdre le soutien d'un secteur d'activité, d'une profession et plus globalement de l'opinion publique peut compromettre le renouvellement d'un mandat. Conscient des liens entre les politiques et leurs publics, le secteur agro-alimentaire bâtit des ponts avec ces publics, disposant ainsi d'une ressource supplémentaire pour peser sur la décision politique. Les liens avec le secteur des médias et de la communication constituent à cet égard une ressource décisive, que les organisations du secteur agro-alimentaire mobilisent abondamment, et de manière variée.

Pour produire une image positive de l'industrie ou d'une filière dans l'opinion publique, les organisations du secteur mettent en œuvre diverses stratégies de communication. Tout d'abord, en participant à la production de contenus journalistiques. Elles organisent pour ce faire des « voyages de presse », par exemple, invitant des journalistes à un voyage plus ou moins lointain, tous frais payés, au cours duquel leur sera présenté un produit, une usine ou tout autre élément susceptible de faire l'objet d'un article de presse. Lors de ces voyages de presse, les journalistes sont invités dans de beaux hôtels, où le prix des activités de loisirs est pris en charge par l'organisateur. Sans être le propre du secteur agro-alimentaire, ces initiatives y sont fréquentes. Au cours de l'enquête, un journaliste nous fait part de plusieurs voyages dont il a pris connaissance au cours de sa carrière :

> Lactalis a organisé un voyage de presse à Grenade, lors de la reprise de Puleva, pour y faire visiter les installations. Voyage assez court, mais avec hôtel et restaurant près de l'Alhambra. [...] Je n'ai pas de dates, mais des firmes de machinisme agricole ont par exemple invité des journalistes au Canada et leur ont offert des promenades en chiens de traîneau... ou encore des allers-retours à New York.
>
> (Journaliste d'investigation)

Différents types de médias, écrits ou audiovisuels, sont impliqués dans ces relations. Des organisations sectorielles participent régulièrement au financement d'émissions de télévision ou de radio qui mettent en avant les « efforts » du secteur pour promouvoir la biodiversité ou la croissance économique. L'émission de France 2 « Terres de partage » est, par exemple, parrainée par Passion Céréales, l'interprofessionnelle céréalière. Des initiatives agricoles promouvant une société plus « juste et solidaire » peuvent y être présentées. Dans la presse écrite, le journal *Ouest-France* publie régulièrement des « publirédactionnels » payés par l'interprofessionnelle céréalière dans lesquels le rôle de cette dernière dans la création d'emplois et de richesses dans la région, ainsi que sa qualité de socle dans le « patrimoine » et « l'identité locale » sont mis en avant.

Les nombreuses actions grand public de « sensibilisation » à une filière s'inscrivent dans une longue tradition de démarches pédagogiques visant les plus jeunes et leurs parents, dont relèvent par exemple les « classes du goût », qui bénéficient d'un soutien du programme national pour l'alimentation[32]. À travers ce type d'activités, il s'agit de faire entrer les citoyens en contact avec la filière et ses producteurs. En mai 2018, la place de la République à Paris a été transformée en zone de pâturage pour vaches afin que les Parisiens puissent les observer et « mieux les connaître ». Des grillades populaires et des stands où l'on apprenait à reconnaître les races de vaches existantes en France y étaient installés. Cet événement, baptisé « Biodiversiterre », était l'occasion pour la filière élevage-viande d'expliquer sa contribution à la « biodiversité ».

Ces activités de communication passent parfois par la formalisation de partenariats avec des écoles afin de mettre en contact les élèves avec les filières. L'interprofessionnelle du secteur céréalier a par exemple créé le site Monchamp.fr pour un projet pédagogique fondé sur la relation entre une classe et un agriculteur. La présence d'écoliers dans les événements des filières agricoles (céréales, viande et élevage, lait) a été relevée à plusieurs reprises lors de notre veille des comptes Twitter du secteur. Le compte du Cniel mentionne par exemple, en juin 2018 : « Aujourd'hui, nous accueillons les classes des jeunes Parisiens pour leur expliquer le chemin du lait… de la vache jusqu'à leur assiette ! C'est cela aussi @Biodiversiterre : expliquer notre patrimoine pour mieux le protéger. » Dans le même esprit, le site de l'interprofessionnelle de la viande, Interbev, indique à ses *followers* : « Lancement de #FermesOuvertes et des rencontres #MadeInViande : les élèves découvrent la vie de la ferme et se familiarisent avec la diversité de l'agriculture et de l'élevage. » Ces activités sont rendues possibles par des partenariats conclus entre les filières agro-alimentaires et l'Éducation nationale ou d'autres instances publiques.

Le Cniel a par exemple signé en 2018 un partenariat avec le ministère de l'Agriculture et l'académie de Strasbourg afin de produire et diffuser des ressources pédagogiques autour des produits laitiers à destination des élèves et du personnel de l'Éducation nationale.

Le moment venu, lors de débats importants, ces alliances sont activées pour peser sur les décisions publiques. Le monde des médias et de l'audiovisuel est bien sûr sollicité. Lors de la séquence de la loi Alimentation et santé de 2018, l'amendement porté par un député de La République en marche pour rendre obligatoire le logo nutritionnel dans les publicités des produits alimentaires a été contesté dans une lettre signée par les patrons des plus grandes chaînes françaises de télévision : France Télévisions, TF1 et M6. Cette lettre, adressée au Premier ministre, au député auteur de l'amendement, au président du Conseil supérieur de l'audiovisuel et à plusieurs ministres, mettait en avant que, alors que l'industrie agro-alimentaire était leur premier annonceur, introduire ce logo dans les spots publicitaires pourrait entraîner une baisse très importante de leurs recettes, et par conséquent des difficultés, dont de possibles pertes d'emplois.

Dans le même objectif de créer des liens hors du secteur agro-alimentaire, certaines entreprises pratiquent le *healthwashing*, qui consiste à arborer une image positive de responsabilité en matière de nutrition et de santé en s'affichant aux côtés d'organisations légitimes dans ce domaine. Cette pratique, inspirée du *greenwashing*, consiste par exemple à proposer à une ONG reconnue pour ses engagements dans le domaine de la santé et de l'environnement de signer en commun un communiqué de presse, ou à organiser un concours dans le jury duquel on invite une personnalité reconnue pour son engagement, au sein d'une ONG par exemple. Dans le témoignage suivant, une organisation agricole qui s'est explicitement opposée à l'interdiction du glyphosate a ainsi proposé à une ONG environnementale de signer avec elle des communiqués de presse au sujet des produits phytosanitaires :

> Par contre, on a pas mal d'échanges avec X [le nom de l'organisation a été anonymisé], et je n'ai même pas de problèmes pour le dire, je pense qu'il faut échanger [...], donc on fait pas mal d'échanges avec eux qui sont informels, eux ils nous proposent régulièrement... ils nous demandent régulièrement si on veut pas communiquer avec eux... faire des communiqués communs sur des sujets où on est d'accord. Là ils vont proposer un ensemble de solutions pour réduire les pesticides, donc ils veulent qu'on les accompagne, donc ils essayent de nous séduire avec certaines de leurs propositions pour qu'on soit un peu la caution environnementale de certaines de leurs actions. Donc que ça soit X ou d'autres structures industrielles, c'est classique, le coup de « Ben venez, on fait quelque chose de bien, signez-en bas, vous allez... »
>
> (Responsable du programme agriculture d'une ONG environnementale)

En somme, la création d'alliances entre l'agro-alimentaire et les médias constitue un puissant levier d'action politique. En cas de besoin, les poids économiques des deux secteurs s'additionneront pour faire valoir des intérêts communs, liés à leur dépendance réciproque. Les alliances tissées avec l'audiovisuel offrent de surcroît à l'agro-alimentaire une caisse de résonance dans l'opinion publique, qu'ils peuvent habilement faire valoir auprès de décideurs politiques, inévitablement intéressés par les publics que l'industrie agro-alimentaire peut sensibiliser. Cette formation d'alliances avec des organisations extérieures mobilise enfin des ressources et des savoir-faire déjà disponibles au sein du secteur agro-alimentaire, riche en filières, en regroupements d'intérêts et en initiatives collectives de défense concertée d'intérêts sectoriels.

SE SUBSTITUER AU POLITIQUE

Les organisations de l'agro-alimentaire s'immiscent parfois dans la politique nutritionnelle, non plus en faisant circuler leurs points de vue dans les arènes législatives ou exécutives, mais en devenant eux-mêmes le législateur ou les exécutants de l'action publique. Dans ces stratégies de substitution au politique, il faut tout d'abord accomplir le travail législatif en rédigeant des articles, des exposés des motifs ou autres composantes d'un texte législatif en discussion à l'Assemblée nationale ou au Sénat :

> Lors de la première discussion interministérielle sur le projet de loi sur l'alimentation, de l'agriculture, pardon, le projet de loi de l'agriculture en 2009-2010, 2010, je vois l'exposé des motifs, présenté par le ministère de l'Agriculture, et donc c'est une réunion interministérielle : il y avait des représentants de tous les ministères impliqués – la Santé, l'Éducation, etc., l'Aménagement du territoire, moi j'étais là aussi au titre de la Santé. Je vois l'exposé des motifs, qui me rappelle quelque chose, je contrôle sur mon ordinateur, et c'est mot pour mot quelque chose qui avait été écrit par [le nom de l'organisation du secteur agro-alimentaire a été anonymisé] dans ses projets, etc., et que j'avais lus, et je le dis – d'ailleurs, ça a mis un petit pavé dans la mare, mais j'ai dit : « Mais comment vous pouvez simplement faire un copier-coller de l'argumentaire de X quand vous présentez un projet de loi, etc. ? » Ça a jeté un petit malaise en réunion, mais c'est pour dire qu'ils avaient une ligne directe.
>
> (Membre du cabinet du ministre de la Santé en 2009)

Lors du débat sur la loi Agriculture et alimentation, plusieurs députés ont dénoncé le fait qu'un amendement rédigé par le secteur du vin ait été copié et collé à l'identique dans les amendements proposés par plusieurs députés de groupes politiques différents. Cet amendement visait à autoriser une expérimentation d'épandage de pesticides par drones sur des vignes en pente. Une recherche dans les archives de l'Assemblée nationale permet de constater que cet amendement a été déposé douze fois, par des députés issus de groupes politiques différents (en l'espèce, Les Républicains, La République en marche et l'UDI). Il est plausible de penser qu'il a été rédigé et diffusé aux différents groupes parlementaires par le même représentant d'intérêts de l'industrie viticole.

La rédaction d'amendements est une pratique courante, confirmée par les lobbyistes et par des parlementaires interrogés au cours de l'enquête. On en trouve trace dans un projet de courriel auquel nous avons eu accès. Rédigé en mars 2015, lors du débat sur l'étiquetage nutritionnel à l'Assemblée nationale, par l'Ania à destination des députés, il proposait entre autres éléments « les amendements envisagés à ce stade pour contribuer aux débats » (document 1).

Les organisations du secteur assument aussi des rôles en principe dévolus aux décideurs politiques. Un député nous raconte une réunion du groupe d'étude de la chimie à l'Assemblée nationale, une instance parlementaire officielle, au cours de laquelle la présidence de séance avait incombé au président de l'organisation patronale des industries chimiques :

> Un groupe parlementaire, en fait un groupe des amis de la chimie [rire], si vous voulez. Et donc c'était très cru, puisque c'était une réunion d'un groupe parlementaire à l'Assemblée nationale, et quand je suis arrivé, j'étais un peu l'invité sur la sellette, puisqu'en face de moi il y avait les amis de la chimie et il y avait les représentants de tous les lobbys de la chimie, et quand je vous dis tous les lobbys, c'était le patron de X [nom de l'entreprise anonymisé], M. Z [anonymisé] à l'époque, ce n'était pas de petits morceaux… C'est pour vous dire qu'ils ont pris le sujet au sérieux, j'ai eu des types de ce calibre-là qui venaient… discuter le texte. Et là, ce qui m'a extrêmement étonné, qui montre les liens très, très forts avec certains groupes parlementaires, c'est que la

séance, la présidence de la séance, a été laissée par le parlementaire qui présidait le groupe au président d'Y, donc un des patrons de l'industrie chimique.

(Député de la XIVe législature)

Mail mars 2015

Débats sur le projet de la loi de santé - articles 4 et 5 - Positions de l'ANIA

Bonjour à tous,

Comme vous le savez, **les débats du projet de loi de santé débuteront normalement en commission des affaires sociales le mardi 17 mars** à 17h15 par l'audition de la ministre de la santé.
L'examen des articles se poursuivra le soir, le mercredi 18 et jeudi 19 mars toute la journée.
Le délai de dépôt des amendements est fixé au vendredi 13 mars à 17h00.

À ce stade, le calendrier d'examen en séance n'est pas définitivement arrêté mais pourrait avoir lieu soit dès le mardi 31 mars (qui est une semaine dont l'ordre de jour est normalement d'initiative parlementaire) ou les semaines suivantes des 7 et 13 avril.

Dans cette perspective, vous trouverez ci-joints :

La position officielle de l'ANIA sur l'article 5, validée au Conseil d'administration du 19 février ;
Vous pouvez utiliser cette position autant que de besoin dans vos contacts extérieurs.

Une version beaucoup plus longue et donc non diffusable en l'état de cette position car elle détaille chacun des points et arguments développés dans la note;

Les amendements envisagés à ce stade pour contribuer aux débats sur l'article 5.
Nous sommes à l'écoute de vos suggestions sur ces propositions.
Et nous suivrons bien évidemment avec attention, en lien permanent avec vous, les débats autour des amendements qui seront déposés sur le texte. Le GT du groupe Politique nutritionnelle sera ainsi sollicité avant la commission et réuni avant la séance.

Nous continuons par ailleurs d'aborder ce débat avec les objectifs réaffirmés par le Conseil d'Administration à plusieurs reprises :
combattre les systèmes type « scores nutritionnels / pastilles de couleurs / trafics lights » ;
valoriser nos actions et de rappeler l'entrée en application du règlement INCO ;
mettre tout en œuvre pour maintenir la cohésion de la filière, entre nous et avec la FCD / distributeurs.

Bien à vous,

Document 1 : Courriel envoyé par l'Ania aux députés (mars 2015).
Source : archives personnelles du chercheur en santé publique.

Les organisations du secteur se substituent aussi au politique en mettant elles-mêmes en œuvre des politiques publiques au moyen de programmes et d'actions à destination des citoyens dans le domaine de l'alimentation. Quand il y a contrôle administratif sur ces programmes, la délégation de l'action publique est officielle ; lorsqu'il n'y a pas de contrôle particulier de la part des pouvoirs publics, la substitution au politique est informelle. Ces programmes se rencontrent principalement dans les domaines de l'activité physique et de l'éducation nutritionnelle, deux thèmes chers au secteur agro-alimentaire dans la mesure où ils agissent sur la demande et non sur l'offre. Dans les domaines de l'activité physique, Coca-Cola, Ferrero et McDonald's sont très actives. Coca-Cola, en tant que partenaire de l'instance gouvernementale chargée de développer le sport en France, le Centre national pour le développement du sport (CNDS), finance des équipements sportifs, comme un terrain multisport connecté à Lille, dont le groupe fait la promotion sur son compte Twitter en avril 2018 : « Après avoir été élue la ville la plus dynamique, Lille se voit offrir un terrain multisport connecté par @Coca Cola, le @CNDS-sport et la @FFF. Inauguration ce 5 avril en présence de Martine Aubry. »

Dans le même esprit, Ferrero organise tous les étés un village de vacances sportives pour les enfants, en partenariat avec le Secours populaire. L'entreprise propose aussi, à différents moments de l'année, des événements de découverte de sports, dans différentes villes, grâce auxquels elle noue des partenariats avec des clubs sportifs professionnels. Le groupe, qui possède la marque de chocolat Kinder, signale ainsi sur son compte Twitter une animation de basket, organisée à Rouen : « Dès 13 heures, au @leKinderArena, l'association SPO Rouen Basket organise le #KinderPlusSport SPO Basket Day. 200 enfants pourront découvrir le basket le temps d'un après-midi », et garder sans doute un souvenir impérissable de leur goûter au chocolat. Sans être en reste, McDonald's organise pour sa part les McDo Kids Sport, une journée d'animations sportives pour les enfants dans différentes villes. En 2016, les enfants recevaient des cadeaux portant le nom de la marque et avaient le droit de pratiquer plusieurs activités sportives gratuitement, avant de passer à table lors d'un goûter offert par le groupe américain.

S'inscrivant dans une démarche d'« éducation au goût », certaines entreprises proposent des animations dans les cantines scolaires afin de promouvoir une alimentation saine et équilibrée. Ici, à nouveau, des entreprises privées développent des actions de sensibilisation au nom de la nutrition : l'entreprise de restauration collective Elior, des ateliers d'éducation au goût dans les cantines scolaires ; Mondelēz, des interventions dans des centres éducatifs sur le thème de « l'équilibre nutritionnel » à travers son programme Impact4growth. Les animations d'Elior s'intègrent à la Semaine du goût, organisée annuellement par la Fondation pour l'innovation et la transmission du goût. Cette fondation compte dans son comité exécutif un ex-secrétaire général de Danone et ex-président de l'Ania, ainsi qu'un chercheur en nutrition de l'Institut Pasteur de Lille, expert dans plusieurs organisations du secteur agroalimentaire. En avril 2018, Elior France communique sur ces initiatives, en signalant l'une de ses interventions locales auprès des plus petits, lesquels portent une toque de cuisinier en papier aux couleurs du groupe : « Animation des fous du goût à @marseille avec les équipes Elior pour donner aux enfants le plaisir de préparer et déguster des fruits locaux et de saison. Au menu : des recettes simples et créatives pour parfaire leur éducation au goût #AppetitDuMieux. »

Enfin, lorsque les organisations du secteur ne parviennent pas à contrer une politique publique en cours d'élaboration, elles décident souvent de proposer une alternative moins contraignante, à laquelle elles s'adapteront plus facilement. Les exemples sont nombreux. Lors des débats, en 2009, sur l'interdiction de la publicité en faveur des produits trop gras, trop sucrés ou trop salés dans les émissions télévisuelles destinées au jeune public, le secteur agro-alimentaire a par exemple souhaité remplacer cette mesure par des chartes d'engagement volontaire, dans lesquelles les entreprises définissaient elles-mêmes des actions visant à améliorer la qualité nutritionnelle des produits. Plus récemment, plusieurs propositions alternatives ont été promues pour faire obstacle au Nutri-score, initiative du ministère. Le logo SENS (Système d'étiquetage nutritionnel simplifié), mis en avant par les distributeurs, mentionnait une fréquence journalière pour chaque aliment, en évitant la couleur rouge, jugée stigmatisante. Le système de l'Ania, non coloriel, établissait des portions recommandées par type de nutriment, avec une fiche d'informations. Les « Big Six » (Coca-Cola, Pepsico, Nestlé, Mars, Unilever et Mondelēz) promouvaient quant à eux l'Evolved Nutrition Label, qui indiquait la quantité de certains nutriments (représentés par une pastille de couleur) par portion de produit. À travers leur diversité et leur lisibilité très inégale, ces logos introduisaient un certain désordre, les industriels mettant en avant, par leurs propres moyens, des instruments d'action contrecarrant ceux qu'envisageait l'État.

Les pratiques de représentation d'intérêts trouvent une modalité extrême dans les menaces et pressions directes exercées sur des décisionnaires. Certains rapports de force tendent en effet à être occultés par les pratiques plus classiques (stratégies de conviction par le dialogue et l'échange d'énoncés scientifiques, techniques, économiques). Pourtant, l'enquête a permis de prendre connaissance de cas dans lesquels un représentant de l'industrie (ou ses alliés) menaçait directement un acteur de la décision publique qui risquait d'aller à l'encontre de ses intérêts ou prises de position. Ainsi, un directeur de cabinet a fait l'objet de menaces de la part d'un représentant d'une entreprise du secteur agro-alimentaire lors des discussions sur une possible interdiction des publicités pour certains produits alimentaires dans les émissions de télévision destinées au jeune public, en 2009 :

> J'ai vu ce même type [P.-D.G. d'une entreprise agro-alimentaire], dans le bureau du directeur de cabinet de la ministre, le menacer…, j'ai été témoin d'échanges très durs, et je ne pensais pas qu'on pouvait parler comme ça à un directeur de cabinet. En gros, il lui disait qu'il était capable de le casser totalement s'il faisait passer ces amendements sur la nutrition…
>
> (Membre du cabinet du ministre de la Santé en 2009)

Les stratégies de substitution au politique que mettent en œuvre des organisations du secteur agro-alimentaire vont ainsi de l'intervention directe dans le travail législatif (à travers une participation aux travaux ou la rédaction d'amendements) jusqu'aux pressions exercées sur des décideurs politiques. La propension des organisations privées à développer par elles-mêmes des actions publiques, notamment à destination du jeune public, en est une autre forme, dans laquelle les relations entre sphère publique et privée se brouillent. Ces stratégies se traduisent par la mise en relation directe des secteurs économique et politique au sein d'espaces institutionnels prévus à cet effet ou d'instances dans lesquelles l'industrie délègue des représentants. Les personnalités privilégiées pour l'établissement de ces relations sont les experts administratifs, les décideurs politiques de haut niveau ou les parlementaires, très régulièrement sensibilisés aux enjeux que les organisations du secteur agro-alimentaire défendent à travers des manifestations, des échanges ou des repas, organisés de manière ponctuelle ou plus régulière, notamment au sein de clubs parlementaires. Comme les activités politiques d'ordre cognitif, les activités d'ordre relationnel sont confiées à des organisations relativement spécialisées, qui disposent souvent de compétences éprouvées en la matière.

4

Organiser l'influence

Les activités d'ordre relationnel sont le fait d'instances spécialisées, qui travaillent au quotidien avec le personnel administratif au sein d'institutions existantes ou d'organisations créées à cet effet.

Après avoir créé de nombreuses organisations capables de nouer des liens avec les mondes académique et scientifique, les industriels confortent ces relations à travers des organisations de représentation d'intérêts et des « groupes écrans » (i.e. clubs parlementaires, associations, etc.). Ces organisations engagent les compétences de responsables ou de chargés d'affaires publiques. Ces professionnels dotés d'un savoir-faire « politique » disposent très souvent d'une expérience considérable dans des institutions ou des instances de décision, au sein des pouvoirs exécutifs ou législatifs de la République : ministères, Assemblée nationale, Sénat, etc. Le niveau de compétences politiques des responsables et des chargés d'affaires publiques de l'industrie contraste avec celui des personnes chargées des questions d'« alimentation et nutrition » dans des organisations non gouvernementales, qui interviennent aussi dans le débat public. Ces dernières manquent le plus souvent de la moindre expérience professionnelle dans le champ politique. Ces inégalités de compétences sont aussi visibles au sein des instances de décision en matière de santé ; au bout du compte, elles sont proportionnelles aux ressources mobilisées par les deux types d'organisations. Aux yeux de nombreux élus, l'argument immédiatement tangible de la disparition d'emplois locaux (ou tout autre argument économique habituellement mobilisé par la filière) a souvent plus de poids que celui des effets sur la santé publique, qui se manifestent à plus long terme.

Ces organisations de représentations d'intérêts et ces « groupes écrans » organisent de multiples activités et constituent un champ à part entière où l'on retrouve les trajectoires caractéristiques de professionnels chargés de ces activités relationnelles.

L'ORGANISATION DES REPRÉSENTANTS D'INTÉRÊTS

Lorsqu'elles en ont la capacité, les grandes entreprises mettent d'abord en œuvre des pratiques politiques à titre individuel, en leur nom propre et pour défendre leurs intérêts spécifiques. Parallèlement, un grand nombre d'organisations regroupent les entreprises d'une ou de plusieurs filières, souvent plus dispersées et de plus petite taille, pour défendre leurs intérêts sur la scène publique. Les plus grands groupes industriels et de distribution français et étrangers déploient chacun leurs propres activités : ils investissent dans un lobbying permanent au sein de l'Assemblée nationale afin de faire circuler leurs prises de position auprès des élus. Certains, Danone et Nestlé par exemple, participent aussi à des actions collectives, en s'associant à des opérations relationnelles promues par les organisations qui représentent les intérêts de certaines filières, dont ils constituent eux-mêmes des membres influents.

Les entreprises ne sont pas directement représentées dans les instances publiques, au sein desquelles siègent les organisations représentant des filières et des métiers, dont elles sont membres. Le nombre d'organisations de représentation d'intérêts dans lesquelles une entreprise est présente donne une indication sur l'intensité de ses activités relationnelles.

Lorsqu'on dénombre les organisations de représentations d'intérêts où sont présentes les entreprises les plus importantes du secteur agro-alimentaire, apparaissent en tête de liste des entreprises comme Sodiaal, Danone, Lactalis ou Casino (graphique 1). Présentes dans les organisations de représentation d'intérêts de leur propre segment (lait, distribution, etc.), elles le sont aussi dans des syndicats patronaux plus généralistes, ce qui leur assure une représentation dans l'ensemble des organisations patronales. On les trouve également au sein de l'Ania, de l'Union des annonceurs, de l'Association française des entreprises privées, de la Confédération des petites et moyennes entreprises ou du Mouvement des entreprises de France (Medef). On notera avec intérêt les liens partenariaux associant certaines de ces entreprises avec des organisations professionnelles et de représentation des collectivités territoriales, comme l'Association française des journalistes de l'agriculture et de l'alimentation, le Syndicat des rédacteurs de la presse agricole, l'Association des collaborateurs de cabinet de la droite et du centre et l'Association des maires ruraux de France. Nestlé, Carrefour, Auchan, Pepsico et Savencia occupent ainsi les deuxième et troisième positions en termes de présence dans des organisations de représentation d'intérêts (voir graphique 1, annexe 2, p. 153 : « Présence des entreprises dans des organisations de représentation d'intérêts »). Ainsi les plus grandes entreprises du secteur agissent-elles à la fois en leur nom propre, avec un certain degré d'autonomie, et de manière concertée, au sein d'organisations de représentation d'intérêts de la filière.

Pas moins de 28 organisations chargées de mettre en œuvre des pratiques politiques relationnelles ont été identifiées. Elles couvrent tous les métiers du secteur, depuis la production et la transformation des produits alimentaires jusqu'à la distribution et la restauration. Elles interviennent dans un large spectre de filières, comme celles du lait, de la viande et l'élevage, du porc, des matières grasses, du sucre, du sel, des céréales, du chocolat, des aliments de l'enfance et des gâteaux, des eaux minérales, des sodas, des snacks, etc. Elles mènent des actions visant à faire passer leurs messages directement auprès des décideurs, mais elles usent aussi d'intermédiaires, de pratiques « indirectes », en organisant des événements dans lesquels ces messages seront promus et mis en circulation. Le spectre de leurs activités est particulièrement large.

Même si ce n'est pas leur principale activité, les instances de représentation d'intérêts développent des programmes éducatifs à destination des enfants (substitution du politique) et des actions d'autorégulation, à travers des organisations intermédiaires qu'elles financent en partie ou en totalité. Ces dernières peuvent agir collectivement, en s'associant autour d'une cause. Plusieurs organisations ont par exemple formé en 2013 une alliance ayant pour objectif une gestion « durable » de l'huile de palme. Cette instance fut mise en place par l'industrie alors que des régulations étaient envisagées, en France ou en Europe. Dans le même esprit d'action collective, l'organisation représentant l'interprofessionnelle laitière, le Cniel, est partenaire de la Fondation pour l'innovation et la transmission du goût, qui agit pour le « bien manger » et organise la Semaine du goût, dans le cadre de laquelle l'entreprise Elior anime des ateliers du « bien manger » dans les écoles. La Communauté du bien manger défend, elle, de manière indirecte les intérêts de la filière charcuterie et viande. Créée à l'initiative du président de la Fédération française des industriels charcutiers, traiteurs et transformateurs de viande, elle travaille à rapprocher les questions alimentaires de thèmes patrimoniaux, identitaires et de sociabilité en les détachant des enjeux liés à la santé. Les responsables publics associés à la décision dans différentes enceintes en sont une cible privilégiée, quoique non exclusive.

L'intensité de ces activités relationnelles auprès de décideurs publics peut en partie être appréhendée à partir d'informations publiques, comme celles que contient le répertoire des représentants d'intérêts de la Haute Autorité pour la transparence de la vie publique. Ce répertoire inventorie les relations directes établies par des membres d'une organisation de représentation d'intérêts auprès du gouvernement ou de parlementaires. C'est ce qu'illustrent par exemple les déclarations d'Interbev, qui représente les intérêts de l'interprofessionnelle de la filière bétail et viande. Dans la fiche rédigée par ses représentants, l'organisation mentionne des relations directes auprès de décideurs politiques, notamment des membres du gouvernement ou de cabinets ministériels, pour leur faire part de points de vue sur les questions relatives à la promotion d'une alimentation équilibrée et variée (document 2). D'autres fois, ces organisations s'appuient, de manière plus indirecte, sur des agences de communication et d'affaires publiques. L'agence Com'Publics joue par exemple un rôle important auprès des espaces parlementaires à travers l'organisation de manifestations régulières.

La distribution des liens entre des organisations de représentation d'intérêts des filières et métiers de l'agroalimentaire et des instances publiques présente des propriétés intéressantes. D'abord sa relative homogénéité, puisque la plupart des organisations identifiées sont présentes dans des instances étatiques. Cinq organisations se distinguent cependant par l'intensité de leur investissement : l'Ania, de la FNSEA, de la FCD, de Coop de France et d'Interbev (les producteurs, les transformateurs et les distributeurs) sont très présents auprès des instances étatiques. La restauration collective et la restauration commerciale restent plus en retrait.

< Retour à la liste des activités

OBJET

Promouvoir une alimentation équilibrée, et variée.

Date de publication 26-04-2018 **ID** CLV1489V

PÉRIODE CONCERNÉE
01-07-2017 au 31-12-2017

DOMAINES D'INTERVENTION
* Prévention

INTÉRÊTS REPRÉSENTÉS

INTERBEV a effectué ces activités de représentation d'intérêts pour son propre compte

Type de décisions publiques

* Autres décisions publiques

Type d'actions de représentation d'intérêts

* Organiser des discussions informelles ou des réunions en tête-à-tête
* Transmettre aux décideurs publics des informations, expertises dans un objectif de conviction
* Transmettre des suggestions afin d'influencer la rédaction d'une décision publique

Catégorie de responsables publics

* Titulaire d'un emploi à la décision du Gouvernement
* Membre du Gouvernement ou membre de cabinet ministériel - Agriculture, agroalimentaire et forêt, Affaires sociales et santé

Document 2 : Fiche d'activité d'Interbev à l'Assemblée nationale (2018). Source : Répertoire « Représentants d'intérêt », Haute Autorité pour la transparence de la vie publique.

Réciproquement, les instances étatiques investies par le plus grand nombre d'organisations de représentants d'intérêts sont l'Assemblée nationale, le Sénat et le Conseil national de l'alimentation (voir graphique 2, annexe 2, p. 153 : « Présence des représentants d'intérêts dans les arènes étatiques[33] »). Alors que cette dernière instance a pour finalité officielle la représentation d'intérêts auprès des pouvoirs publics, ce décompte met en évidence le caractère central des espaces parlementaires – déjà apparu dans la description des principales activités politiques d'ordre relationnel, dans le chapitre précédent. La position singulière qu'occupe le Parlement, au cœur de ces activités, mérite qu'on s'y attarde.

GROUPES D'ÉTUDE ET CLUBS PARLEMENTAIRES

À l'Assemblée nationale, deux espaces relaient les positions des organisations du secteur agro-alimentaire : les groupes d'étude et les clubs parlementaires. Si aucun d'eux n'est directement impliqué dans les activités législatives du Parlement, ils contribuent à l'établissement de liens variés entre des élus et des représentants de l'industrie agro-alimentaire. Comme leur nom l'indique, les groupes d'étude sont orientés vers la diffusion de savoirs liés à des thèmes spécifiques en matière de nutrition et de politiques alimentaires. Ils constituent des espaces privilégiés de mise en contact dans lesquels circulent des arguments produits en amont, pour cet usage spécifique, grâce aux activités politiques d'ordre cognitif décrites dans les précédents chapitres. À l'Assemblée nationale, les groupes d'étude ont leurs spécialités, qui dépendent des politiques en cours de discussion ou des secteurs agricoles considérés en priorité. Au moment de l'enquête, en septembre 2018, plusieurs d'entre eux ont ainsi été identifiés (voir tableau 1 : Groupes d'étude de l'agro-alimentaire répertoriés à l'Assemblée nationale).

Ces groupes d'étude sont l'aboutissement, dans le domaine des activités politiques relationnelles, des efforts entrepris, parfois de longue date, pour produire des cadres cognitifs. Leurs cibles, les députés, sont les témoins plus ou moins informés de stratégies construites à dessein, visant à défendre des intérêts ou à contrecarrer des initiatives, notamment gouvernementales, jugées problématiques. Interrogée lors de l'enquête, une collaboratrice parlementaire rend compte de ses observations au moment de la mise en place du Nutri-score, qui occasionne un haut niveau d'activité politique auprès des décideurs publics :

> Alors, y a un autre sujet dont je voulais vous parler, c'était le groupe d'étude alimentation et santé [groupe d'étude de l'Assemblée nationale], qui était géré par X [le nom de la personne citée a été anonymisé], donc lui, pareil, lui il avait pas été hyper-dynamique, mais OK pour organiser des trucs quand on lui proposait, j'ai l'impression, donc là, sur l'étiquetage nutritionnel, qui avait aussi été un débat à l'époque, il avait fait plusieurs réunions, justement, pour connaître le vrai du faux, etc., et effectivement, y avait un lobbying très intense auprès des députés de la part de la Fédération du commerce et de la distribution, qui ne voulait absolument pas que ça passe et qui avait proposé un étiquetage alternatif, comme l'Ania… Donc, une nouvelle fois, ils faisaient passer leurs idées auprès des parlementaires à travers ce groupe d'étude alimentation et santé. Sur ce sujet, on a eu quand même beaucoup de notes, d'argumentaires, qui ont fini par, effectivement, faire plier la députée pour laquelle je travaillais, qui disait : « Ben oui, c'est vrai que ce n'est peut-être pas réaliste… » Enfin, leurs argumentaires ont fini par faire mouche auprès d'un certain nombre de députés…
>
> (Collaboratrice parlementaire, XIVe législature)

Alimentation santé
http://www2.assemblee-nationale.fr/instances/resume/OMC_PO746618/legislature/15
Aviculture
http://www2.assemblee-nationale.fr/instances/resume/OMC_PO746654/legislature/15
L'industrie agro-alimentaire face aux enjeux de l'alimentation
http://www2.assemblee-nationale.fr/instances/resume/OMC_PO747037/legislature/15
Modernisation des activités agricoles et structuration des filières
http://www2.assemblee-nationale.fr/instances/resume/OMC_PO747084/legislature/15
Vigne, vin et œnologie
http://www2.assemblee-nationale.fr/instances/resume/OMC_PO747266/legislature/15

Tableau 1 : Groupes d'étude de l'agro-alimentaire répertoriés à l'Assemblée nationale (2018).
Source : Auteurs, à partir des informations contenues sur le site de l'Assemblée nationale, http://www2.assemblee-nationale.fr/15/les-groupes-d-etudes.

À la différence des groupes d'étude, dont la finalité est en principe la connaissance, les clubs parlementaires visent à mettre en relation des députés avec des représentants du monde économique. Sans assise juridique précise, ils ne cherchent pas tant à diffuser des informations ou des savoirs sur des thèmes spécifiques auprès des parlementaires qu'à promouvoir auprès d'eux des filières et des secteurs économiques. En 2016, le Parlement signalait l'activité de six de ces clubs consacrés au secteur alimentaire, et le plus souvent à certains de ses segments organisés. Au très généraliste Club de la table française (304 parlementaires) s'ajoutaient ainsi le Club des amis du cochon (172 élus), le club Vive le foie gras (121 élus), l'Observatoire de l'œuf (19 élus) et, en matière de boissons, l'Association nationale des élus de la vigne et du vin (107 élus) et le Cercle des eaux minérales et naturelles (76 élus). Ces clubs organisent des événements conviviaux, tels que des déjeuners ou des cocktails, dans lesquels des positionnements sur les politiques nutritionnelles et alimentaires sont transmis aux parlementaires. Ils sont souvent animés par des sociétés de lobbying et par d'autres organisations intermédiaires faisant la jonction entre les mondes économique et politique. À l'exception du club consacré au vin, tous les autres sont ainsi menés par l'agence Com'Publics, spécialisée dans les affaires publiques, ce qui traduit une certaine porosité des pratiques et des modalités d'action, voire des arguments mis en circulation.

Parmi ceux qui sont liés au secteur agro-alimentaire, le Club de la table française mérite une attention particulière. Dans les événements qu'il organise, deux principaux thèmes sont régulièrement abordés : la relation entre l'alimentation et la santé, et la gastronomie française. Si l'on examine les participants à ces différents événements en 2019 – des dizaines de sénateurs et députés, le ministre de l'Agriculture, le secrétaire d'État auprès du ministre de l'Europe et des Affaires étrangères, le porte-parole du gouvernement, etc. –, on constate que ce club dispose sans aucun doute d'une puissante capacité à assurer la diffusion de messages en direction de décideurs politiques, souvent au nom de la gastronomie et de traditions culinaires, par opposition à des approches plus strictement nutritionnelles ou sanitaires.

Pour que le message parvienne aux députés, sénateurs et membres du gouvernement, le Club de la table française compte avec la collaboration active de la sénatrice de Paris Catherine Dumas et du député de la Charente-Maritime Jean-Philippe Ardouin. Tous deux membres du club, ils sont présentés par celui-ci comme les éléments clés au sein du Parlement et du Sénat. Or ces groupes sont financés par des organismes du secteur, qu'il s'agisse d'entreprises, comme Danone ou Ricard, ou d'organisations de représentation d'intérêts, comme l'Ania ou la FNSEA. Le Club de la table française bénéficie par exemple de financements de la FNSEA, de l'Ania, de Nestlé et de la Fédération des fromagers de France, entre autres. Plus spécialisé, le Club des amis du cochon reçoit des fonds de l'Inaporc, l'interprofessionnelle de la filière porcine.

Les frontières entre groupes d'étude et clubs parlementaires ne sont pas étanches. Cette porosité permet d'associer différents registres et réseaux d'acteurs aux mêmes événements. Le Club de la table française trouve par exemple un allié de choix dans le groupe d'étude Gastronomie, créé par des députés en mai 2019. Présidé par les députés Fabrice Brun et Barbara Bassot-Ballot, il compte dans ses rangs 75 députés issus de diverses formations et sensibilités politiques, qui se rejoignent autour des enjeux fédérateurs de la gastronomie française et de ses produits en tant que patrimoine national. Associé au Club de la table française, le jeune groupe d'étude signale dans cet esprit, à l'occasion de son lancement, le 4 juin 2019: « De nombreux partenaires et parlementaires se sont rassemblés à l'École Ferrandi Paris afin de débattre autour de la place de la gastronomie en France [...]. Les thèmes abordés lors de cette rencontre furent nombreux, tels que le classement du savoir-faire de la baguette au patrimoine mondial de l'Unesco, la place des spiritueux et du « spiritourisme » en France, l'avenir de la viande de porc, l'importance de la prise d'un petit-déjeuner chez les plus jeunes, la place du bio dans le marché français, l'importance des appellations afin de protéger les savoir-faire français... » Comme on le voit, les sujets, aussi nombreux que les intérêts en présence, sont personnalisés en fonction de leurs destinataires politiques.

DES RESPONSABLES DES AFFAIRES PUBLIQUES TRÈS POLITIQUES

Les activités d'ordre relationnel s'appuient sur le travail des responsables des affaires publiques au sein des entreprises et autres organisations du secteur agro-alimentaire. Ces professionnels tissent des liens durables avec les décideurs et les experts, réussissent à les convaincre et obtiennent des informations auprès d'eux ou leur en fournissent. Ils font vivre les organisations spécialisées dans ces activités et, à plus large échelle, le champ organisationnel qu'elles constituent. Ils en sont la cheville ouvrière et, d'une certaine manière, la manifestation concrète. Ce sont ces responsables des affaires publiques que les scientifiques et les politiques côtoient lorsqu'ils ont affaire avec les intérêts du secteur agro-alimentaire. Or ces professionnels ont des caractéristiques, en termes d'études et de parcours, qui contrastent avec celles d'autres intermédiaires du champ organisationnel des activités politiques du secteur agro-alimentaire, qui agissent quant à eux « de l'autre côté de la barrière », au sein des ONG intervenant sur les questions d'alimentation et nutrition.

L'analyse des données collectées (trajectoire académique et professionnelle des responsables des affaires publiques du secteur, des responsables alimentation des ONG françaises et des chargés d'affaires réglementaires de l'industrie agro-alimentaire) permet de distinguer trois profils. Tout d'abord des individus diplômés en droit ou en sciences politiques ayant une expérience professionnelle de plus d'un an dans une arène politique (Assemblée nationale, Sénat, ministères, collectivités territoriales) ; ils travaillent comme chargés d'affaires publiques pour l'industrie agro-alimentaire. Puis des diplômés en diététique et en nutrition n'ayant pas d'expérience professionnelle dans des arènes politiques, qui exercent quant à eux dans des ONG ou dans l'industrie, mais comme chargés d'affaires réglementaires. Enfin, les responsables alimentation des ONG analysées ont acquis des diplômes (master en agroécologie ou en coopération et développement international), tandis que les chargés d'affaires réglementaires, quand ils ont un master, se sont tournés vers la sécurité des aliments.

Le contraste dans les parcours académiques et professionnels analysés éclaire un point important. Souvent, les représentants de l'industrie justifient leurs interventions en soulignant qu'ils mettent en œuvre des pratiques politiques au même titre que les associations ou les ONG. Les uns et les autres seraient en somme des lobbys actifs d'un genre un peu différent, mais dont les effets pourraient se compenser, cet équilibre justifiant les activités des uns et des autres. Outre que cette affirmation ne tient pas compte du fait que l'industrie promeut des intérêts particuliers, *in fine* financiers, tandis que les ONG défendent des intérêts plus généraux, susceptibles d'être partagés par des publics plus larges, l'analyse du parcours des professionnels qui interviennent en leur nom montre que l'expertise politique (connaissance des institutions politiques, réseaux au sein de ces instances, etc.) et les connaissances juridiques relatives à l'alimentation (sécurité des aliments, règlements européens, etc.) ne sont pas réparties de manière symétrique : elles se situent assez clairement du côté de l'industrie plutôt que de la société civile.

De plus, l'expérience politique des chargés d'affaires publiques de la filière est souvent considérable. À titre d'exemple, le député de Haute-Garonne Mickaël Nogal a été nommé directeur général de l'Ania en mars 2022 ; le responsable, jusqu'en mars 2019, des relations publiques de l'Ania, était le chef de cabinet de Michel Barnier lors des élections européennes de 2009 et le chef de cabinet adjoint du ministre de l'Intérieur en 2012. Le responsable des relations publiques de la Fédération des industries laitières (Fnil) a été pendant près de cinq ans chef de cabinet, adjoint puis titulaire, au ministère de l'Agriculture. Pour sa part, le responsable des affaires publiques de Carrefour France a été conseiller de la présidence française sur les questions agricoles et agro-alimentaires, conseiller de la présidence française du G20, conseiller de la commission des affaires économiques de l'Assemblée nationale pendant trois ans (2012-2015). Le responsable des relations publiques du groupe Casino a été le chef de cabinet de plusieurs députés. Enfin, la responsable des relations publiques de l'organisation patronale de la grande distribution (FCD) a été conseillère du secrétaire d'État chargé des Relations avec le Parlement pendant plus de cinq ans. Cette asymétrie éclaire l'efficacité des pratiques politiques des industriels.

Pour les entreprises les plus actives d'un point de vue relationnel, les liens entre l'espace politique de l'État et la filière agro-alimentaire ne se limitent pas à l'expérience des responsables en affaires publiques recrutés. Quiconque s'attarde sur la composition des conseils d'administration des groupes Casino, Carrefour, Danone et Nestlé découvre une multitude de conseillers ayant occupé des postes à hautes responsabilités au sein d'institutions de l'État. Ce trait n'est pas propre au secteur agro-alimentaire. Notoire dans la composition des conseils d'administration de nombreux grands groupes économiques français, il constitue un classique des travaux sociologiques en la matière[34]. Il n'a pas pu être exploré par entretien au cours de l'enquête, mais l'examen des conseils d'administration de grandes entreprises agro-alimentaires et la recomposition prosopographique de la trajectoire de certains de leurs membres illustrent cette proximité. Apparente, elle aussi sans doute plus structurante que les liens établis à des niveaux plus subalternes par les responsables des affaires publiques.

Dans la catégorie des entreprises s'associant le concours d'anciens hauts responsables administratifs ou politiques, le groupe Carrefour arrive en tête avec six administrateurs dotés d'un profil politique et ayant occupé des postes de haut niveau dans des ministères responsables de l'Économie, de l'Industrie, du Commerce extérieur ou de l'Emploi. Thierry Breton, ministre de l'Économie entre 2005 et 2007, en est membre au moment de l'enquête. Viennent ensuite deux hauts fonctionnaires de la Cour des comptes, qui furent respectivement directeurs de cabinet du Premier ministre Édouard Balladur entre 1993 et 1995, et d'Arnaud Montebourg, ministre de l'Économie du gouvernement Ayrault, de 2012 à 2014. Enfin, deux administrateurs ont été conseillers techniques du ministère de l'Économie sous le mandat de Thierry Breton (2005) et du Premier ministre Dominique de Villepin (2005). Ces fonctions de haut niveau dans les instances gouvernementales sont complétées, dans le cas de l'ancien directeur de cabinet d'Édouard Balladur, par des relations personnelles avec d'anciens présidents. Plus précisément, cet administrateur de Carrefour a été le conseiller personnel du président Nicolas Sarkozy.

Danone est la deuxième entreprise quant au nombre de ses administrateurs au profil politique. On trouve dans son conseil d'administration un haut fonctionnaire ayant vingt-quatre ans de service (1982-2006) dans diverses instances gouvernementales liées au commerce, à l'industrie et à l'économie. Cette personne, qui fut administratrice au cabinet du maire de Paris dans les années 1980, chef du bureau du ministère de l'Économie et des Finances consacré aux questions relatives à l'Union européenne et directrice du cabinet du ministre de la Solidarité entre les générations, a présidé, dans les années 2000, l'Agence française pour les investissements internationaux. Dans le même conseil d'administration siège un haut fonctionnaire ayant exercé pendant vingt-cinq ans dans la fonction publique. Cet inspecteur des finances a été, dans les années 1980, conseiller technique auprès du ministère de la Coopération et directeur du développement de ce ministère. Administrateur dans les années 1990, il est nommé directeur de la Banque mondiale pour l'Europe centrale. Entre 2001 et 2010, il devient directeur de l'Agence française de développement. Dès lors, il reprend ses fonctions au sein de l'Inspection générale des finances jusqu'à son entrée dans l'entreprise, en 2011. Le conseil d'administration de Danone compte également un ex-conseiller du ministre de l'Industrie et du Premier ministre dans les années 1980.

Le conseil d'administration du groupe Casino comprend, lui, deux diplômés de l'École nationale d'administration ayant occupé des postes à responsabilités, respectivement au sein des ministères de l'Économie et au ministère des Affaires sociales dans les années 1980. Le premier a été conseiller au cabinet du secrétaire d'État au Budget entre 1975 et 1986. Il prend ensuite des fonctions de direction chez Peugeot-Citroën et devient, dans les années 2000, président de plusieurs organisations patronales, comme l'Union des industries et métiers de la métallurgie ou le Groupe des fédérations industrielles. Entre 2016 et 2017, il est vice-président du Conseil national de l'industrie, un organe consultatif placé auprès du Premier ministre. Le second administrateur de Casino au profil politique est, ici aussi, un inspecteur des finances, ancien directeur de cabinet des ministres de la Solidarité et de l'Économie avant de rejoindre la banque Rothschild à la fin des années 1980 et d'entamer une carrière d'entrepreneur dans les fonds d'investissement, carrière qui le conduira à acquérir des entreprises dans le secteur de la distribution.

L'un des directeurs généraux de Nestlé France ferme cette liste de hauts fonctionnaires qui, passés au secteur privé, siègent au conseil d'administration de sociétés de la filière agro-alimentaire. Diplômé de l'Ena à la fin des années 1990, il exerce entre 2000 et 2004 les fonctions de sous-préfet avant de prendre un poste de direction chez Nestlé. La présentation des représentants d'intérêts de l'industrie agro-alimentaire, des groupes d'étude et des clubs parlementaires, puis celle des trajectoires personnelles de responsables des affaires publiques, qui mettent concrètement en œuvre les activités politiques relationnelles, révèle tout un monde social dans lequel les rôles se spécifient et se précisent en fonction des enjeux et des débats. Ces dynamiques organisationnelles, dont on a souligné le caractère méthodique et institué, produit à dessein et relativement stable dans le temps, se déploient cependant à différents niveaux.

Nombre d'organisations sont en effet créées par l'industrie pour favoriser des contacts avec des responsables administratifs et politiques. Elles s'insèrent entre deux autres niveaux. Le niveau institutionnel renvoie à un autre ensemble d'organisations, toujours créées avec le soutien actif de l'industrie agro-alimentaire, mais cette fois directement au sein d'institutions telles que le Parlement. Les groupes d'étude et clubs parlementaires en sont des expressions. L'autre niveau est le fait de spécialistes en pratiques relationnelles comme les responsables des affaires publiques. Leur activité n'est cependant pas seulement individuelle. En effet, ces spécialistes disposant de compétences très politiques qui les distinguent d'autres professionnels avec lesquels ils travaillent, ils sont présents dans des sphères plus influentes, au sein du conseil d'administration de certaines grandes entreprises, qui recherchent cette facette très politique.

5

Crédit et discrédit symboliques

Chaque année, les cancers cérébraux touchent 500 enfants et suscitent l'engagement de nombreuses familles. Des associations de patients et d'aidants soutiennent les jeunes malades. Mais elles ne sont pas seules : des représentants de la grande distribution leur apportent un précieux concours. En 2018, la directrice générale de Géant Casino, Tina Schuler, remettait à la présidente de l'association Les Amis de Mikhy, vouée à apporter de l'aide aux enfants atteints de cancers cérébraux, un chèque représentant les fonds collectés dans ses magasins. Dans le secteur agro-alimentaire, ce type d'engagement n'est pas rare. Il correspond à un registre d'activités politiques plus large associant des entités à finalités marchandes (marques, entreprises…) à l'image positive et au crédit moral d'organisations aux missions valorisées socialement. Ces activités, nombreuses et variées, ne sont pas toujours aussi positives. Elles ont parfois pour objet d'atteindre la crédibilité de chercheurs, de militants et de responsables politiques dont les positions sont jugées problématiques ou hostiles aux intérêts de l'industrie, laquelle se mobilise en conséquence.

Il n'est plus question ici de construction d'énoncés ou d'argumentaires, ni de raisonnements économiques ou techniques justifiant des positions sur d'éventuelles régulations, et encore moins d'échanges avec les décideurs publics. L'action est indirecte, parfois implicite : on vante le caractère vertueux des entreprises, on porte atteinte à des opposants identifiés. Il s'agit, sous les oripeaux d'activités philanthropiques, de travestir des organisations marchandes en organisations désintéressées. Parallèlement, la légitimité scientifique ou morale des opposants est attaquée par des entreprises de dénigrement. Ces activités constituent une économie du crédit et du discrédit[35] dont la dimension symbolique n'est pas sans liens avec des dimensions économiques plus tangibles, à travers des partenariats et des soutiens matériels. Ainsi, des organisations ad hoc sont créées, financées et soutenues par des entreprises du secteur agro-industriel. C'est notamment le cas de certaines fondations d'entreprise, dont les finalités ne sont pas économiques. D'autres organisations, dont les activités bénéficient d'une image positive en raison de leurs engagements, dans la lutte contre la pauvreté ou en faveur d'activités sportives par exemple, sont indirectement soutenues par des entreprises du secteur alimentaire. Comme les activités d'ordre cognitif ou relationnel, les activités symboliques mobilisent des compétences spécifiques, qui ne relèvent ni de la science ni des relations publiques, mais plutôt du marketing, à la frontière des mondes économique et philanthropique.

ACQUÉRIR DU CRÉDIT ET EN FAIRE PERDRE

Chaque organisation du secteur agro-alimentaire possède sa propre image, liée à ses marques et à leurs finalités, à dominante marchande. Or cette image peut bénéficier de celle d'autres organisations qui interviennent dans la société à but non lucratif. C'est principalement à travers des soutiens financiers que s'établit ce transfert.

Les organisations du secteur agro-alimentaire pratiquent intensément ce type de transaction. Dans notre échantillon, elles ont un caractère systématique, puisqu'on dénombre des liens avec pas moins de 102 associations et organisations non gouvernementales pendant la période d'étude. Ces associations et organisations non gouvernementales interviennent dans des domaines bénéficiant d'une image sociale positive, aussi variés que le handicap (France Handicap), l'insertion (Ticket for Change), l'environnement (WWF) ou l'égalité des genres (Force Femmes) – les domaines du sport et de la pauvreté étant les plus investis – et à l'occasion d'événements festifs (voir graphique 3, annexe 2, p. 154 : « Nombre d'associations en lien avec l'agro-alimentaire par domaine d'activité »).

Parmi les cibles des partenariats signés par les entreprises et organisations du secteur agro-alimentaire, la forme juridique la plus fréquente est l'association, mais on trouve aussi de nombreuses fédérations sportives, par exemple, pour Ferrero, les fédérations d'athlétisme, de basket ou hand-ball, avec mission de promouvoir la pratique de ces sports auprès des enfants et de fournir du matériel pédagogique pour les coachs. Certains partenariats à finalités sociales sont même conclus avec des autorités politiques : ainsi de McDonald's, qui s'engage auprès de la Région Hauts-de-France, afin de développer l'emploi, à embaucher des chômeurs de longue durée. De manière plus ponctuelle, les organisations de l'agro-alimentaire participent aussi à des événements annuels, souvent festifs, à l'image de la Fête des voisins, qui en 2018 associait Pepsico et Lidl. Ces occasions présentent l'intérêt d'associer plusieurs entreprises, qui bénéficient alors ensemble d'une image de convivialité et de proximité propice à la consommation de denrées ou de boissons. Les entreprises sont parfois elles-mêmes les promoteurs et les organisateurs d'initiatives ou d'événements « philanthropiques ». C'est le cas pour l'initiative annuelle de la Fondation Carrefour les Boucles du cœur, qui collecte des fonds en faveur de projets d'intérêt général.

Ces activités philanthropiques créent une valeur symbolique positive associée à des domaines d'activité proches de l'« intérêt général ». Ce travail de conversion en agents vertueux d'organisations économiques ayant des objectifs de profit s'accompagne pour celles-ci d'un important effort de communication, en particulier par l'intermédiaire des réseaux sociaux. Le champ lexical de la vertu, associé à l'entreprise, est alors exploité. Menée dans le cadre de l'enquête, une analyse du discours des sites Web de neuf fondations d'entreprise du secteur agro-alimentaire les plus actives dans les pratiques symboliques permet d'objectiver ce travail lexical.

Les mots les plus fréquents y renvoient principalement à deux univers lexicaux. Tout d'abord, celui de la morale, représenté par le substantif « solidarité(s) », l'adjectif « solidaire » et les verbes « soutenir » et « offrir ». Ce premier univers lexical est déconnecté de toute référence à des notions telles que la justice, l'inégalité et à d'autres concepts liés à une lecture plus politique des problèmes sociaux. Au contraire, les mots associés à la notion de solidarité sont « vivre », « bien-être », « cœur », « esprit », « écoute ». La « raison humanitaire » y est elle aussi fondée sur la « compassion » et sur d'autres émotions, plutôt que sur une lecture politique des situations de nécessité[36]. Ce référentiel lexical renvoie à une vision « libérale » de l'action sociale, fondée sur le registre de l'activation[37]. Il y est plus question d'« activer », de « mobiliser », de « faciliter » ou encore d'« innovation » que d'« inégalités » et de mécanismes collectifs de solidarité. Plusieurs actions soutenues par ces fondations d'entreprise ont comme objectif la promotion de l'entrepreneuriat parmi les personnes en situation de précarité. L'association Ticket for change (document 3) est paradigmatique de ce type de représentation.

Document 3 : Mots de soutien de dirigeants à l'association Ticket for change (2018).
Source : https://www.ticketforchange.org/a-propos#partenaires-mecenes

Les dons financiers et partenariats d'une partie des organisations économiques dans les domaines de la pauvreté, du sport et de la lutte contre le chômage ont bien entendu des effets au-delà de la sphère purement symbolique : à travers ces pratiques, les entreprises participent aussi à l'économie bien réelle des secteurs sociaux et sportifs. Les 2 millions d'euros collectés par Carrefour ont un effet tangible, et non uniquement symbolique, sur le budget de la Fondation pour la recherche médicale. Il en va de même des produits de consommation alloués par les grands distributeurs aux banques alimentaires et des dons aux petites associations. La dimension économique de ces pratiques symboliques permet d'en déduire qu'elles répondent à des exigences de création d'alliances. Les associations, les fédérations sportives ou certaines instances publiques telles que les collectivités territoriales ont d'autant plus volontiers recours à l'industrie agro-alimentaire qu'elles peinent à trouver des financements auprès des sources publiques. L'efficacité de ces stratégies est à mettre en regard d'une forme de désengagement ou de « privatisation de l'action publique[38] ».

Plus généralement, ces éléments indiquent le caractère souvent imbriqué des stratégies mises en œuvre. Les pratiques d'ordre symbolique participent à la production d'une image vertueuse de l'industrie, mais sont aussi une ouverture vers de nouvelles alliances, ce qui s'apparente aux pratiques politiques de représentation d'intérêts précédemment caractérisées. Il en va de même pour les activités cognitives, qui ont pour but de produire des savoirs favorables à l'industrie ou au contraire de contester des savoirs préjudiciables à ses intérêts, mais qui permettent aussi d'établir des contrats de collaboration ou de financement de recherches avec des chercheurs.

Finalement, ces activités symboliques relèvent pour une large part du mécénat. Par le biais d'appels d'offres, les fondations participent, au moins partiellement, à la définition de l'agenda du secteur social en choisissant objets et modalités d'intervention : l'alimentation solidaire, la promotion de l'entrepreneuriat ou de l'activité physique. Les organisations économiques ont ainsi un fort impact sur les activités philanthropiques[39].

STRATÉGIE DU BÂILLONNEMENT ET RENVOI DU STIGMATE

Cette économie du crédit social ne fonctionne pas seulement en accroissant celui de certaines entreprises, mais aussi en discréditant ses adversaires, ou présumés tels. Parmi les manœuvres de déstabilisation, les attaques judiciaires constituent une « stratégie du bâillonnement[40] » qui déplace le débat des domaines de la santé et de la politique vers celui la justice, et transforme les partisans d'une régulation publique en potentiels malfaiteurs, dès lors qu'ils sont placés en position de se défendre d'une infraction à la loi. Cette stratégie s'apparente à une « inversion de stigmate[41] » : elle déplace la présomption de culpabilité des industries agroalimentaires, mises en cause par des détracteurs, vers ces derniers, qui sont appelés à en répondre. Ces attaques en justice engendrent en outre des dépenses importantes pour les personnes visées, ainsi qu'un stress et une angoisse conséquents, souvent liés aux sommes d'argent considérables demandées par les plaignants. Elles donnent aussi lieu à une exposition médiatique potentiellement négative et non désirée des accusés. En 2009, le chercheur de l'Inserm Pierre Meneton a été attaqué en justice pour diffamation après la publication d'un article dans lequel il dénonçait le poids du lobby du sel et dévoilait l'absence d'une régulation suffisamment stricte des usages de ce produit. Les procédures, longues de plusieurs années, l'ont engagé dans une lutte asymétrique dans laquelle des organisations économiques ont exercé sur lui une pression durable, voire dissuasive. Les militants associatifs peuvent également faire l'objet de ce type d'attaques. Valérie Murat, militante pour l'interdiction des pesticides dans la viticulture, a été condamnée à payer 125 000 euros pour dénigrement après avoir publié une étude montrant la présence de résidus de pesticides dans 22 vins certifiés « haute valeur environnementale »[42].

À défaut de viser individuellement des chercheurs ou des militants, des initiatives récentes ont été observées à l'encontre de certaines organisations, comme Yuka, l'application numérique leader en matière de conseil aux consommateurs. En 2020, celle-ci est poursuivie pour dénigrement par la Fédération française des industries d'aliments conservés, puis par la Fédération des industriels charcutiers-traiteurs. Ces actions en justice n'ont pas besoin d'être effectives pour être efficaces : bien souvent, la simple menace de poursuites engendre une déstabilisation de nature à modifier l'équilibre entre les industriels et leurs détracteurs.

Les attaques en justice peuvent s'accompagner de stratégies visant à entamer la crédibilité et la légitimité d'un chercheur aux yeux de ses pairs ou des institutions qui évaluent son travail. Elles deviennent alors personnelles : il suffit d'opérer un décalage à peine perceptible pour passer d'une étude ou de résultats – objectifs et impersonnels – à ses auteurs. Idéalement, un auteur singularisé à dessein, dont les caractéristiques personnelles, et non plus scientifiques, seront d'autant plus facilement mises en cause, frontalement ou par des procédés plus discrets (atteinte à sa réputation de chercheur, voire à son intégrité professionnelle). Une stratégie efficace dans ce registre est la psychologisation, voire la pathologisation, de la démarche du scientifique, auquel il est reproché de sortir de son strict domaine de compétence pour des raisons discutables, d'ordre obsessionnel ou psychologique. En 2006, un représentant de l'industrie écrit par exemple une lettre au directeur de l'Inserm pour l'alerter sur les activités d'un chercheur. Dans cette lettre, les résultats scientifiques du chercheur ne sont pas attribués à son travail ni à ses compétences, mais à une présumée « monomanie », à des « élucubrations » et à ses « convictions » : « [...] Dans sa monomanie, [il] se livrait sans discernement ni mesure [...] [avec] des propos diffamatoires visant des néphrologues, des hypertensiologues... » Un vocabulaire qui situe le débat sur le terrain de la psychologie et de la morale plutôt que sur celui de la science ou d'une mise à l'épreuve des résultats. La démarche inverse le stigmate (potentiels effets négatifs) que des travaux scientifiques avaient fait peser sur un produit alimentaire en l'orientant vers les auteurs des travaux.

Plus récemment, le concepteur du Nutri-score, Serge Hercberg, a fait les frais de ce type de stratégie. Alors que la conception de ce logo nutritionnel s'appuie sur une importante littérature scientifique et sur des évaluations probantes, quoique contestées par une partie de l'industrie agro-alimentaire, des industriels ont « personnalisé » la politique de mise en place du logo, de telle sorte que le projet apparaissait moins comme le produit collectif d'un travail scientifique que comme le résultat de l'insistance de son promoteur à faire adopter sa création personnelle et. Dans cet esprit, l'Ania adresse en septembre 2015 une lettre à la ministre de la Santé, Marisol Touraine, dans laquelle elle ne se réfère pas au Nutri-score, mais au « système de pastilles de cinq couleurs de Serge Hercberg » – une personnalisation flagrante[43]. Le logo est jugé stigmatisant pour les savoir-faire de l'industrie, culpabilisant pour les consommateurs et n'offrant aucune garantie d'efficacité. Ces défauts rédhibitoires du logo sont associés à la personne de Serge Hercberg plutôt qu'à la politique publique ou aux résultats de recherche sur lesquels elle s'appuie.

Il est plausible que ce type de pratiques constituent des freins pour des chercheurs lorsqu'il s'agit d'aborder certains sujets de recherche. Bien avant que ces difficultés émergent ou qu'elles donnent lieu à des stratégies symboliques de discrédit, leur simple anticipation a des effets dissuasifs auprès de certains chercheurs, qui n'ont pas nécessairement vocation à en payer le prix. À l'occasion de l'enquête, Pierre Meneton confie avoir laissé de côté ses recherches sur le sel du fait de l'épuisement moral causé par des années de procédure judiciaire.

FONDATIONS D'ENTREPRISE ET EXPERTS EN MARKETING

Comme pour d'autres activités politiques des entreprises, certaines compétences professionnelles se trouvent fortement mobilisées, en particulier par des fondations d'entreprise – les groupes d'intérêts et les *think tanks* ont d'autres types de pratiques. Dans notre échantillon, 17 entreprises financent des organisations du secteur non marchand ou ont signé des partenariats avec elles ; 71 accords partenariaux ont été conclus entre les entreprises étudiées et des organisations du secteur non marchand. De grands groupes comme Carrefour et Nestlé sont particulièrement actifs : le distributeur est engagé dans une dizaine de partenariats avec des associations du secteur social, et l'entreprise laitière dans huit partenariats en France. Quatre entreprises du secteur soutiennent le monde du sport parallèlement au secteur social. Il s'agit de Ferrero, qui semble nettement privilégier ce type d'activités, Coca-Cola, Lidl et Yum. Neuf fondations d'entreprise ont été identifiées, qui au total ont développé 87 partenariats connus avec des organisations du secteur non marchand (voir graphique 4, annexe 2, p. 155 : « Partenariats des fondations avec des organisations du secteur non marchand »).

La Fondation Carrefour, avec 32 partenariats, et la Fondation Monoprix, avec 26 partenariats, apparaissent particulièrement actives (figures 3 et 4), cumulant à elles seules 67 % des partenariats. Dans la grande majorité des cas, les liens sont noués avec des associations du secteur social intervenant auprès de populations précises (enfants, personnes au chômage…) ou promouvant une cause sociétale (égalité de genre, lutte contre les discriminations…), le monde du sport restant plus marginal en la matière.

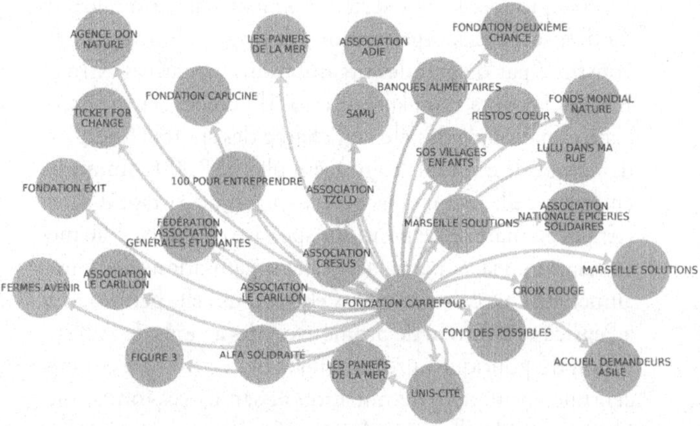

Figure 3 : Liens partenariaux de la Fondation Carrefour avec des organisations du secteur non marchand (2018).
Source : Auteurs via le logiciel Kumu.io.

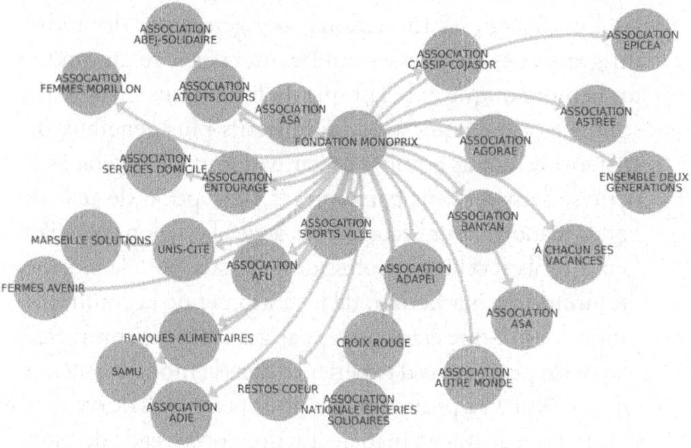

Figure 4 : Liens partenariaux de la fondation Monoprix avec des organisations du secteur non marchand (2018).
Source : Auteurs via le logiciel Kumu.io.

Réciproquement, le secteur non marchand ayant le plus de liens avec des organisations de l'agro-alimentaire est constitué par de grandes organisations caritatives : Croix-Rouge, Secours populaire, Restos du cœur. Seule l'Association nationale des élus en charge des sports (Andes) se démarque de ce profil ; regroupant plus de 8 000 communes en France, elle est un espace d'échange et de partage d'expériences en matière de politique sportive des villes. Elle met en relation, via les partenariats, les organisations de l'agro-alimentaire avec de nombreux élus locaux : elle permet ainsi à Pepsico et à Ferrero de promouvoir des actions de « substitution du politique » présentant l'activité physique comme centrale en matière de nutrition et santé. Les fondations Carrefour, Monoprix et Avril sont elles aussi partenaires de l'Andes, qui en dépit de sa discrétion n'en constitue pas moins un relais important de certaines initiatives locales (voir graphique 5, annexe 2, p. 155 : « Associations et ONG les plus investies par le secteur agro-alimentaire »).

En général, les fondations sont gérées par des cadres dirigeants des entreprises qui les ont créées, ce qui traduit un lien organique et le fait que les fondations mènent des stratégies cohérentes avec les objectifs plus généraux des entreprises. Leurs équipes exécutives sont en général assez petites, deux ou trois personnes (à l'exception de celle du Fonds Danone pour l'écosystème, actif à l'échelon mondial). Leur profil est celui de professionnels issus, pour la plupart, du monde du marketing, de la gestion et de la communication, c'est-à-dire étant passés par des écoles de commerce, mais avec peu ou pas d'expérience dans le monde associatif ou les ONG. Ces professionnels ne disposent pas de connaissances particulières en matière d'action sociale et de développement, leur mission semble plutôt consister à assurer une cohérence entre les priorités définies par les marques et les interventions qu'elles financent. Les organigrammes et le profil des dirigeants des fondations laissent supposer que leur action n'est pas détachée des intérêts économiques des groupes auxquels ils sont rattachés.

Le directeur général du Fonds Danone pour l'écosystème est par exemple titulaire d'un diplôme en gestion des affaires du MIT (Massachusetts Institute of Technology). Sa carrière professionnelle, en tant que responsable de la stratégie commerciale et du marketing, se développe entre les secteurs pharmaceutique et agro-alimentaire, dans différents pays, jusqu'à ce qu'il soit nommé directeur exécutif du fonds en question. La directrice générale de la Fondation Monoprix est pour sa part titulaire d'un diplôme en marketing de l'école de commerce HEC. Après neuf ans à la tête de la gestion de l'image de marque chez Kraft Foods, elle devient responsable des questions de responsabilité sociale des entreprises (RSE) chez Monoprix. Enfin, la directrice générale de la Fondation Le Roch-Les Mousquetaires est diplômée du Centre de formation des journalistes. Elle avait passé la plus grande partie de sa carrière à la Fédération des entreprises de propreté en tant que directrice de la communication et des relations publiques, puis une période de deux ans dans une agence de communication numérique.

Les compétences professionnelles que des entreprises du secteur agro-alimentaire mobilisent dans des organisations consacrées à des activités politiques d'ordre symbolique, généralement des fondations, permettent des formes d'intervention sociale ou philanthropique qui renforcent l'image positive et la légitimité sociale de ce secteur d'activité. L'accroissement du crédit symbolique des entreprises, d'un côté, et les manœuvres pour discréditer ses opposants, d'un autre côté, constituent ainsi les deux faces d'un même registre d'activités qui mobilisent des moyens économiques bien tangibles et ont des effets très concrets.

6

Les entreprises et leurs activités politiques

Durant notre enquête, diverses catégories d'activités politiques des organisations du secteur agro-alimentaire ont été distinguées et analysées pour elles-mêmes. Un tableau plus global de cet ensemble d'activités peut désormais être présenté. Dans un premier temps, les caractéristiques du réseau que forment les entreprises du secteur agro-alimentaire dans le cadre de leurs activités politiques révèlent sa physionomie générale et celle de ses acteurs clés. Dans un second temps, l'espace des entreprises du secteur dessine leur portrait au regard de leurs activités politiques spécifiques. Une grande partie du travail d'analyse a consisté à identifier dans notre échantillon les liens directs du secteur agro-alimentaire au sein de différents espaces sociaux, tels que des instances étatiques, le champ scientifique ou des organisations de la société civile. Le résultat de ce travail montre le rôle majeur des organisations et individus intermédiaires, qui mettent en relation différents espaces sociaux, ainsi qu'une relative hiérarchisation des entreprises impliquées, dont les capacités d'influence s'avèrent inégales dans le champ organisationnel qu'elles composent.

MÉDIATEURS ET ORGANISATIONS INTERMÉDIAIRES

Un examen des organisations les plus actives, réalisé à partir de la base de données constituée pour l'enquête (voir annexe 2), indique que les différentes stratégies recensées sont mises en œuvre par des spécialistes dans des institutions spécifiques, distinctes les unes des autres. Sans surprise, les *think tanks* ont surtout investi le champ scientifique, et les organisations de représentation d'intérêts, plutôt les instances étatiques, tandis que les fondations d'entreprise se sont réservé celles de la société civile. La base de données met en lumière une importante fragmentation du réseau : les différents acteurs n'interagissent pas énormément entre eux, et pas de manière directe. De ce fait, le rôle des organisations de représentation d'intérêts et de celles qui mettent en relation les organisations entre elles est crucial. Elles permettent à une multitude d'entreprises d'être représentées de manière indirecte dans de nombreuses instances de décision publique, ainsi que dans d'autres espaces sociaux. Par exemple, la FCD, qui regroupe l'ensemble des distributeurs de notre échantillon, assure à ces derniers une représentation permanente à l'Assemblée nationale, au Conseil national de la consommation, au Conseil national de l'alimentation, à l'Agence nationale de sécurité sanitaire de l'alimentation, de l'environnement et du travail, mais aussi au sein du Fonds français pour l'alimentation et la santé (FFAS). Dans cette liste d'intermédiaires clés, le rôle joué par le Club de la table française et par le groupe d'étude Gastronomie de l'Assemblée nationale apparaît très important. Ces deux instances mettent en contact l'Ania, la FNSEA et d'autres organisations représentants des intérêts – et à travers elles des centaines d'entreprises de l'agro-alimentaire – avec plus de 300 députés. Ce sont des intermédiaires indispensables dans la mise en relation des organisations de la filière avec le pouvoir législatif et exécutif.

Le *think tank* le plus central est sans conteste le FFAS, qui met en relation de multiples entreprises (Nestlé, Unilever, Pepsico, Mars, Coca-Cola, Danone, Casino, Carrefour) et d'organisations de représentants d'intérêts (FCD, Ania, Fédération des industries des corps gras, Comité des salines de France) avec de nombreux chercheurs siégeant dans leur comité scientifique ou son conseil d'administration (Inrae, université de Toulouse II, AgroParisTech, CNRS) ainsi qu'avec une kyrielle d'associations financées pour développer des actions dans le domaine de la nutrition et la santé. Au fil du temps, des représentants de la Direction générale de l'alimentation seront aussi présents dans ses instances ou lors de multiples événements organisés par cette organisation.

Des individus clés occupent des positions centrales dans ces réseaux d'influence : les médiateurs, auxquels cette centralité permet d'établir des relations, à une échelle individuelle, personnalisée et dans la durée. Il s'agit de six scientifiques, parmi lesquels on dénombre trois sociologues de l'alimentation, un chercheur en pédiatrie, une économiste et un chercheur en nutrition. Les trois sociologues interviennent ou sont intervenus en tant que personnalités qualifiées ou experts au sein du Conseil national de l'alimentation. Ils siègent, entre autres, dans des instances de la filière laitière (Ocha, Institut Danone), de la filière sucrière (Institut Delessert), du FFAS et de la Fondation Nestlé. Le pédiatre est membre des comités d'experts en nutrition de l'Anses et de la Haute Autorité de santé. Il siège comme expert au sein du Syndicat des fabricants de produits laitiers frais (Syndifrais). Le chercheur en nutrition est en lien direct avec dix *think tanks* du secteur, ainsi qu'avec la Communauté du bien manger, active auprès de parlementaires. Il est par ailleurs membre de la Société française de nutrition. Enfin, une chercheuse du Credoc (Centre de recherche pour l'étude et l'observation des conditions de vie) fait partie, entre autres, des experts de l'Institut Danone, du *Think Tank* agro-alimentaire et de la Fondation pour l'innovation et la transmission du goût, qui promeut en matière de nutrition des politiques agissant sur la demande. Membre de l'Académie d'agriculture, elle participe aussi en qualité d'experte à des groupes de travail du ministère de l'Agriculture. Les six experts interviennent également dans quantité de forums dans le domaine de l'alimentation et de la nutrition, y compris dans les médias nationaux.

Pour ne donner que quelques exemples, on a dénombré 19 interventions du chercheur en nutrition dans les médias nationaux en 2019 (*Le Figaro*, *Les Échos*, *Libération*, *Paris Match*) et 15 interventions de l'économiste la même année (*Les Échos*, *Sciences et Avenir*, *Le Figaro*, *L'Obs*, *La Croix*, *Le Quotidien du médecin*). Le rôle clé de quelques chercheurs en sciences sociales dans le champ organisationnel éclaire l'importance prise par le discours sur les dimensions culturelles et sociales de l'alimentation[44]. Ce discours – « l'alimentation est avant tout un patrimoine, un vecteur de lien social » – n'est pas seulement une rhétorique associée à un registre d'expertise. Il a aussi souvent des fins stratégiques, quand il est opposé aux tenants d'une régulation des produits alimentaires fondée sur la valeur nutritionnelle des aliments. Cet ensemble d'organisations coordinatrices et de médiateurs permet aux entreprises et métiers de la filière de se coordonner et de bâtir des positions communes en matière de politique nutritionnelle, en parallèle des activités politiques que quelques entreprises sont capables de développer en propre.

LES CHAMPIONS DE L'INFLUENCE

Les *think tanks*, les organisations de représentation d'intérêts et les fondations d'entreprise sont les ramifications d'entreprises du secteur agro-alimentaire. Mais ces dernières n'ont pas été analysées en tant que protagonistes d'activités politiques, capables d'en mettre en œuvre certaines par elles-mêmes. Les entreprises sont plutôt apparues de façon parcellaire, en fonction de leur implication dans d'autres organisations. Nous nous sommes dès lors proposé de les considérer pour elles-mêmes, en établissant une cartographie de l'intensité et de la diversité de leurs activités politiques, grâce à l'analyse quantitative des données recueillies au cours de l'enquête.

Pour ce faire, nous avons recensé dans une base de données les liens directs de chaque entreprise de notre échantillon avec les différents types d'institutions participant à la mise en œuvre d'activités politiques. Puis nous avons noté, pour chaque entreprise, si elle était présente à l'Assemblée nationale via un lobbyiste inscrit au registre de la Haute Autorité pour la transparence, si elle était active dans les instances gouvernementales liées à la nutrition et l'alimentation (CNA, CNC, etc.), si une fondation ou un *think tank* lui étaient associés, si elle adhérait à une organisation de représentation d'intérêts (Ania, Syndifrais, etc.) ; nous avons aussi compté le nombre de partenariats avec des associations philanthropiques ou de participations à des groupes écrans comme la Communauté du bien manger.

Un premier critère de différenciation oppose les entreprises en fonction de leur volume d'activité politique. Si l'on examine la position de ces entreprises sur l'axe horizontal (graphique 6), on distingue, à droite de l'annexe horizontale, un premier groupe composé par quelques champions de l'influence : Danone, Nestlé, Carrefour et Lactalis. À gauche se trouvent les entreprises les moins présentes dans les trois espaces étudiés, donc ayant *a priori* le moins de capacité à façonner la physionomie du champ organisationnel, groupe composé par exemple d'Aldi, Compass, Avril, Bigard, Holder, Le Duff, Terrena, McDonald's France, Quick, Système U, Dupont Restauration, E. Leclerc, Elior,

Savencia, Lidl, Sodexo, Yum (KFC, Pizza Hut). Entre ces deux groupes se situent dix entreprises dont la présence dans les espaces scientifiques, politiques et philanthropiques est importante, mais sensiblement inférieure à celle des champions, soit un niveau d'activité ou de présence médian. Ce groupe médian est composé d'Auchan, Casino, Coca-Cola, Ferrero, Mondelēz, Tereos, Unilever, Mars, Pepsico, Sodiaal.

Un second critère de différenciation est celui des préférences manifestées par les entreprises en matière d'espaces susceptibles d'être investis : associatif, scientifique, décisionnaire. Globalement, pour les entreprises qui présentent un niveau d'activité politique faible ou intermédiaire, les espaces investis sont répartis de façon assez équilibrée entre scientifiques, politiques et philanthropiques. Les plus actives, en revanche, montrent de nettes préférences. Ainsi, Danone, Nestlé, Lactalis et dans une moindre mesure Mondelēz investissent davantage les espaces politiques (Assemblée nationale, organisations de représentation d'intérêts, etc.) et scientifiques (universités, recherche). Carrefour occupe solidement le domaine associatif et philanthropique.

Cette pénétration préférentielle des espaces scientifiques par les grandes entreprises de la filière laitière correspond à une stratégie commerciale de médicalisation des produits laitiers. Le Nutricia Research de Danone, le Nestlé Nutrition Institute et le Nestlé Institute of Health Sciences en sont des exemples saillants. Ces organisations ont connu un fort développement à la fin des années 1990, une période qui marque le début d'une recherche scientifique dont l'un des buts est de développer des produits laitiers dont on puisse mettre en avant des effets positifs pour la santé : « Nous croyons au pouvoir de la nutrition pour faire une différence positive et prouvée en matière de santé » (page de présentation du Nutricia Research[45]). Les ressources investies par ces organisations dans le domaine scientifique sont extrêmement importantes. Le Nutricia Research compte plus de 700 employés. Le Nestlé Nutrition Institute, de son côté, est à l'origine de plus de 3 000 publications scientifiques en matière de nutrition santé[46]. Ces publications ont été financées ou directement publiées par l'institut propriété du géant suisse, qui édite sa propre revue scientifique, *Annales*, supplément de la revue scientifique *Annales de nutrition et métabolisme*, indexée dans les grandes bases de données médicales.

Parmi ces instances d'influence, certaines s'emploient au développement de produits alimentaires destinés à des personnes souffrant de certaines pathologies : maladie d'Alzheimer, allergies, cancers, épilepsie, etc. – un positionnement de marché propre à la filière lait. Les entreprises produisant des sodas, de la charcuterie et d'autres produits ultra-transformés (pizzas, poulet frit, etc.) ne pouvant se situer dans le segment des produits « sains », elles occupent davantage le champ philanthropique et les espaces de décision, faisant valoir pour la défense de leurs intérêts d'autres arguments que celui de la santé. Il en est de même pour les entreprises de la grande distribution, dont les stratégies commerciales passent plutôt par l'affichage d'une image vertueuse sur un thème choisi parmi les tendances sociétales. Ainsi, alors qu'elles vendent toutes sortes de produits agro-alimentaires – sains et moins sains –, elles affichent des préoccupations environnementales, sans renoncer à l'argument des prix.

Deux propriétés se dégagent d'un regard transversal porté sur le champ organisationnel analysé. La première est sa fragmentation : loin d'être un espace relationnel dense, structuré autour d'un noyau d'organisations ou d'individus, le monde de l'influence s'éparpille en un grand nombre d'instances peu connectées entre elles. Ce caractère fragmenté explique l'importance particulière du rôle intermédiaire de certains acteurs. Ces « passeurs » sont surtout des organisations agrégeant de multiples entreprises (Ania, FCD, interprofessions, forums comme le FFAS et le *Think Tank* agro-alimentaire). En d'autres termes, le champ organisationnel des activités politiques de l'agro-alimentaire est le résultat de compromis et de synthèses entre organisations et entreprises. Ces éléments justifient l'intérêt d'aborder l'influence dans le secteur l'agro-alimentaire comme un espace traversé par des désaccords et des oppositions entre organisations plutôt que comme le lieu d'une action homogène et consensuelle. Le travail politique est tout autant nécessaire entre les organisations de la filière qu'en dehors, en direction de la décision publique (voir les graphiques 6 et 7, annexe 2, p. 157-158, sur l'analyse quantitative des relations des entreprises de l'agro-alimentaire).

La seconde propriété de cet espace est sa dimension hiérarchisée et spécialisée. Les entreprises peuvent être classées par groupes en fonction de leurs investissements : Nestlé, Danone, Carrefour, Mondelēz, Lactalis, les champions du travail politique de la filière agro-alimentaire, se spécialisent dans les activités politiques en fonction du positionnement de marché qu'elles adoptent. Les transformateurs de la filière laitière s'introduisent davantage dans les espaces scientifiques afin de développer des produits alimentaires qui puissent alléguer de bénéfices pour la santé dans une stratégie commerciale de médicalisation de l'alimentation. Ces correspondances multiples invitent à envisager les activités politiques dans leurs relations avec les marchés et positionnements de marché des entreprises étudiées. L'étude confirme que les activités politiques des lobbys sont organisées et planifiées sur le long terme, en accord avec des stratégies commerciales également pensées dans la durée.

CONCLUSION
Quand les intérêts s'en vont aux champs

L'industrie agro-alimentaire est présente partout où s'élaborent les politiques nutritionnelles. Elle fait prévaloir ses points de vue et intérêts en s'immisçant dans de nombreux espaces, aussi bien scientifiques que politiques ou philanthropiques. Notre enquête fournit une vision d'ensemble de ces interventions ; elle décrit les stratégies mises en œuvre, leurs supports organisationnels et humains, ainsi que les espaces sociaux qu'ils composent. Bien souvent, cette vision d'ensemble est corroborée par l'expérience personnelle de personnes parmi les plus familières de ces pratiques, d'un côté ou de l'autre de la barrière.

Quiconque prête régulièrement attention à l'actualité législative ou réglementaire découvre un véritable cortège d'organisations opérant en sous-main, à travers lesquelles l'industrie agro-alimentaire tisse ses réseaux. Ces organisations sont doublement spécialisées : leurs activités relèvent expressément de l'influence et de la mise en relation, et leurs champs d'action sont ciblés très précisément. Certaines interviennent surtout au contact du personnel administratif et politique ; d'autres prennent pour cible des espaces académiques ; d'autres encore, des activités sociales, sportives ou philanthropiques, dont l'image positive peut rejaillir sur elles. Ces organisations forment un ensemble systémique, transversal et cohérent : un véritable champ organisationnel.

Ces espaces organisés ne sont pas pour autant impersonnels ou anonymes. Ils sont animés par des professionnels ou des organisations qui visent des buts, défendent des intérêts et mettent en œuvre des stratégies. Les organisations mobilisent un personnel dont l'expérience professionnelle favorise les mises en relation. Les groupes écrans qui interviennent dans des espaces politiques comptent sur les compétences et expériences parlementaires ou ministérielles de leurs collaborateurs. Les organisations dédiées aux interventions scientifiques bénéficient du concours de professionnels au bagage académique éprouvé. Les actions philanthropiques mobilisent, quant à elles, des savoir-faire plus généralistes, comme le marketing et la communication, ce qui en dit long sur leurs véritables intentions. Ces ensembles d'individus comptent parfois de grandes personnalités, souvent issues du monde académique. Ces « sachants » interviennent en leur nom propre, grâce aux compétences, aux savoir-faire et aux relations dont ils disposent à titre personnel. Toutes ces qualités, recherchées, sont associées aux stratégies des entreprises. À une échelle plus collective, celles-ci disposent d'une capacité propre à définir des buts et des modes privilégiés d'intervention, ce qu'atteste le dernier chapitre de l'ouvrage : toutes les entreprises ne pratiquent pas de la même manière les activités politiques à leur disposition. La dynamique générale de ce champ organisationnel se nourrit en somme de la conjonction des différentes stratégies des entreprises qui le composent.

Concomitamment, les activités politiques des entreprises se déploient à différents niveaux, plus ou moins agrégés : les actions personnelles, dont certaines sont le fait d'individus identifiables, et parfois bien connus des autres acteurs, représentent un premier niveau ; un riche ensemble d'organisations spécialisées constitue un deuxième niveau d'agrégation, plus collectif. Ni les individus ni les organisations spécialisées dans le travail politique des entreprises n'agissent séparément : ils forment des réseaux et des espaces organisés, dont la notion de champ organisationnel, ainsi que diverses méthodes d'analyse quantitative nous ont permis de rendre compte. Ces espaces entrent eux-mêmes en relation avec des espaces institutionnels politiques (parlementaires, ministériels...), ou scientifiques, (universités, recherche...). Cette répartition en trois niveaux – individuel, organisationnel et institutionnel – appelle quelques considérations.

En premier lieu, si certaines activités individuelles sont identifiables, et même notoires, elles ne constituent finalement qu'un élément assez modeste des démarches mises en œuvre. Il apparaît dès lors restrictif de chercher à appréhender, et *a fortiori* à réguler, les relations entre l'industrie et la science ou la décision publique à travers ces seules activités individuelles, qui n'en sont au mieux qu'un indice. Saisir et rendre explicites les liens ou les conflits d'intérêts de quelques individus identifiables n'est certes pas dépourvu de pertinence, mais c'est en réalité à de tout autres niveaux que se situent les véritables jeux d'intérêts. Les liens et conflits d'intérêts ne sont que l'expression partielle de systèmes de relations beaucoup plus vastes, dont il faut comprendre la portée pour être en mesure de les réguler ou de les équilibrer.

En second lieu, les organisations chargées des activités politiques des entreprises interfèrent constamment avec le fonctionnement ordinaire des espaces sociaux dans lesquels elles s'insèrent pour exercer une influence. D'une part, le champ organisationnel regroupe les organisations spécialisées dans la mise en œuvre des activités politiques des entreprises. D'autre part, ces organisations cherchent à pénétrer dans les institutions concernées, avec un certain succès. Ces deux espaces, organisationnel et institutionnel, ne sont pas identiques en nature, mais tendent en pratique à se confondre en raison de l'activisme des organisations qui interviennent auprès des institutions, au point d'en façonner les logiques et propriétés. Certaines stratégies mises en œuvre, comme la « substitution au politique », sont même l'expression chimiquement pure d'une telle confusion. Si les champs organisationnel et institutionnel coexistent et se confondent parfois en pratique, leur distinction analytique aide à mieux comprendre l'important travail politique et social dont cette confusion est le résultat. C'est ce travail social que nous avons cherché à objectiver.

Trois types d'arguments conduisent à relier les activités politiques à des résultats réels. En premier lieu, le déploiement de tant d'activités, d'énergies, d'organisations, de professionnels – et finalement de ressources financières – ne pourrait se prolonger si longtemps si ces activités ne produisaient pas des effets perceptibles par ceux qui les mettent en œuvre, particulièrement s'agissant d'entreprises soucieuses d'efficacité et de rentabilité. L'existence même de ces pratiques plaide en faveur de leur efficacité. En deuxième lieu, les institutions ne sont pas préservées des activités politiques des entreprises, loin de là. Souvent, les organisations spécialisées dans l'influence pénètrent les institutions publiques, qu'elles soient politiques ou scientifiques. Enfin, l'enquête révèle plus subtilement de nombreux retentissements diffus associés aux activités politiques. Recourant à de nombreuses incitations, positives ou négatives, sous forme de financements disponibles ou de pressions, ces activités ont des effets structurants. Ils s'exercent de manière tangible ou à travers des mécanismes plus discrets – par exemple la simple anticipation, chez les acteurs des diverses institutions politiques ou scientifiques, susceptible de modifier leurs jugements ou leurs pratiques dans un sens favorable aux intérêts industriels.

Concrètement, les ressources utilisées pour créer ou entretenir de nombreux réseaux sont pour l'essentiel des incitations visant à attirer des scientifiques, des experts ou des décideurs : financement de recherche, rémunération individuelle, espaces de sociabilité, cadeaux divers, accès à des espaces sociaux exclusifs. Si ces incitations ne sont pas suffisantes, l'industrie mobilise des moyens de pression – ponctuellement, sur un député, avec l'argument de la perte d'emplois dans une circonscription, ou sur un scientifique à travers une action judiciaire ou la simple menace d'en engager une. Ces incitations et menaces ont des effets à long terme qui ne sont pas toujours visibles, mais qui s'avèrent souvent structurants en raison de leur caractère dissuasif et implicite. Ainsi, progressivement, l'industrie façonne la structure décisionnelle des scientifiques, des experts, des décideurs. Les chercheurs dans le domaine de la nutrition savent que la publication d'études allant à l'encontre d'intérêts industriels a un coût : ils devront renoncer à certains financements ou, dans le pire des cas, courir le risque d'être attaqués publiquement, poursuivis en justice. Les experts savent que leurs travaux et recommandations seront scrutés par des représentants de l'industrie, dont c'est le métier. Les décideurs publics, notamment ceux qui sont chargés des questions nutritionnelles au ministère de la Santé, savent, quant à eux, que certaines réglementations défavorables aux industriels – comme la taxation des produits de mauvaise qualité nutritionnelle ou la fixation de seuils pour le sel, le sucre et les graisses saturées présents dans un produit alimentaire – ont peu de chances de susciter un consensus entre les ministères (notamment entre le ministère de l'Agriculture et celui de l'Industrie) et par conséquent d'être adoptées.

De plus, à cause de la forte activité cognitive des industriels, il ne sera pas aisé pour ces décideurs de s'appuyer sur un consensus scientifique en matière de nutrition. Il leur sera plus facile d'opter, par souci de réalisme et d'efficacité, pour d'autres instruments réglementaires, visant les comportements individuels des consommateurs plutôt que l'offre des producteurs ou les conditions de distribution de produits alimentaires. Les députés de la majorité, confrontés aux mêmes difficultés, seront en outre exposés au cadrage cognitif de l'industrie et de ses nombreux relais. S'ils ne sont pas experts sur les questions de santé et nutrition, ils risqueront, au regard des moyens déployés sur le court, moyen et long terme par l'industrie pour les convaincre à longueur de colloques à l'Assemblée nationale, de visites d'usines ou d'événements organisés à leur intention, d'y être perméables. En somme, les menaces et les incitations distribuées par l'industrie aux scientifiques, aux experts et aux décideurs constituent au fil du temps un champ organisationnel capable de reconfigurer l'espace institutionnel dans lequel les politiques nutritionnelles sont élaborées.

Est-il dès lors possible d'échapper à l'emprise d'un tel activisme politique ? Les activités politiques des entreprises sont-elles résistibles, et à quelles conditions ? La démocratie est-elle destinée à rester captive de ces pratiques, au risque de miner la confiance qui lui sert de fragile fondement ? Sans prétendre répondre à ces questions, plusieurs remarques peuvent être formulées à titre prospectif. Elles portent sur les savoirs produits dans le champ de la nutrition, dont on a compris l'importance systémique.

Ainsi, même si les savoirs produits en matière de nutrition sont en partie façonnés par des intérêts industriels, ils ne semblent pas relever d'un régime de vérité maîtrisé par les industriels, à la différence d'autres secteurs, comme la pharmacie, qui s'adosse à des études cliniques, ou la chimie avec les études réglementaires. Les connaissances et les méthodes mobilisées auprès des instances de régulation sont loin d'être la production exclusive des industriels. Une meilleure connaissance des activités politiques des entreprises peut contribuer à s'en prémunir et à en limiter la portée en rendant les individus et organisations visés plus attentifs à ce qui s'y joue, dont ils n'ont généralement pas une vision d'ensemble. La production de connaissances, dont ce travail est une expression, reste cependant difficile en raison de la rareté des informations pertinentes disponibles. Aussi nous paraît-il important d'envisager des dispositions normatives, relativement simples à mettre en œuvre, donnant accès aux informations pertinentes. Deux voies seront ici explorées. Elles nous serviront de conclusion et d'ouverture en direction d'un avenir que l'on espère plus équilibré.

D'un côté, les agences chargées des questions nutritionnelles pourraient utilement s'équiper de méthodes et de compétences leur permettant d'annoncer publiquement, de manière régulière et systématique, les activités politiques des entreprises dont elles régulent les activités ou les produits, plutôt que de se limiter, comme c'est le cas aujourd'hui, à la seule gestion des liens et des conflits d'intérêts individuels, par ailleurs indispensable.

D'un autre côté, le législateur veillerait aussi à ce que les moyens que les entreprises agro-alimentaires engagent au titre de leurs activités politiques fassent l'objet de déclarations publiques obligatoires, à l'image de ce qui existe pour certaines informations déclarées à la Haute Autorité pour la transparence de la vie publique ou, dans d'autres secteurs comme celui de la santé, dans la base publique Transparence-Santé. Les dispositions de la base Transparence-Santé, créée après le scandale du Mediator, font obligation aux industriels et à toute personne concernée de déclarer des activités susceptibles d'engendrer des liens ou des conflits d'intérêts ainsi que les montants qui leur sont associés. Ces dispositions pourraient être étendues à d'autres secteurs, dans lesquels les entreprises mènent leurs activités politiques à l'aide de pratiques analogues. Comme celle du médicament, la régulation des politiques nutritionnelles en bénéficierait sans aucun doute. D'autres espaces politiques, notamment territoriaux et européens, aujourd'hui exposés à des pratiques analogues, tireraient avantage de telles dispositions.

Ces propositions rencontreront sans doute les interrogations ou l'opposition des organisations auxquelles elles s'appliqueraient, lesquelles disposent assurément de quelque capacité à faire valoir leurs points de vue, y compris auprès du législateur. Le cheminement de nos propositions sera un indicateur d'efficacité : celle des pratiques politiques des entreprises agro-alimentaires, ou de celle des mesures prises pour en limiter les effets. À moins qu'une telle expérimentation, plutôt que de représenter un sujet d'action publique, appelé à être mis en œuvre, ne découle que d'une préoccupation de recherche, étrangère aux réalités pratiques ?

Annexes

ANNEXE I : MÉTHODE D'ENQUÊTE

Cette recherche exigeait d'identifier les réseaux construits par les organisations de la filière agro-alimentaire, les activités développées à travers ces réseaux, ainsi que les ressources dont les organisations de la filière disposent pour mener à bien ces activités. Nous avons d'abord circonscrit l'objet de l'étude, en précisant les frontières de l'ensemble d'entreprises, d'organisations et de professionnels étudiés, puis établi des modalités de recueil d'informations, à la fois qualitatives et quantitatives, dans un contexte où ces informations ne sont pas toujours disponibles ni faciles d'accès. Nous avons enfin défini des modalités d'agrégation et d'interprétation de ces données, afin de faire apparaître le caractère systématique de ces activités à travers la description analytique d'un champ organisationnel, et, au sein de ce champ, de trajectoires professionnelles. Ce travail a été réalisé entre 2018 et 2020, à la chaire Santé de Sciences Po, en lien avec plusieurs institutions publiques soucieuses de mieux comprendre ce type d'enjeux, notamment la Direction générale de la santé du ministère de la Santé, Santé publique France et l'Anses.

Circonscrire l'objet : quelles industries et quelles stratégies ?

Pour circonscrire l'objet de l'enquête, il importait en premier lieu de choisir les entreprises prises en compte au sein de l'industrie agro-alimentaire, et de déterminer lesquelles de leurs activités politiques étaient susceptibles d'être explorées.

Comme signalé en introduction, l'agro-industrie constitue une nébuleuse d'entreprises et d'institutions du secteur privé participant à la production, à l'emballage, à la distribution et au marketing de produits alimentaires et de boissons de toutes sortes[47]. Il s'agit des industries agricoles (agriculteurs, éleveurs), des industries productrices des produits alimentaires et boissons manufacturés, des détaillants de produits alimentaires et de boissons (supermarchés compris), des distributeurs de ces produits (importateurs et exportateurs compris), des restaurateurs industriels (restauration collective), de l'industrie publicitaire, du marketing et de la communication. L'industrie de l'alimentaire est aussi composée de regroupements sous forme d'associations (ou tout autre statut juridique) ayant pour objet de représenter ses intérêts. On trouve enfin les fondations et autres organisations à but non lucratif issues des entreprises ou qui leur sont directement liées[48].

La première chose à faire était de constituer un échantillon d'entreprises et d'organisations pertinent pour l'analyse. Considérer l'ensemble des entreprises de l'industrie agro-alimentaire n'était guère envisageable dans le cadre de ce travail, eu égard à leur grand nombre et à la quantité d'informations à collecter. Il a paru raisonnable de se concentrer, pour chaque segment (production, transformation, distribution, restauration), sur les entreprises du secteur agro-alimentaire disposant des plus grandes parts de marché en France : les entreprises étrangères, puis les leaders français. Nous avons intégré à cette liste les organisations de producteurs les plus importantes (FNSEA, Coordination rurale, Coop de France et Confédération paysanne), faute de pouvoir identifier de grandes entreprises agricoles. Cette liste a été établie à partir d'informations extraites de la presse économique généraliste *(Capital, Challenges, L'Express)* et spécialisée *(LSA, RIA).* Une base de données comprenant

35 organisations a été constituée : 7 distributeurs, 8 entreprises de transformation françaises, 7 entreprises de transformation étrangères, 4 entreprises de restauration collective, 5 entreprises de restauration commerciale, 4 représentants des producteurs. À partir de cette racine, nous avons complété l'échantillon avec les organisations patronales dont ces entreprises font partie, les *think tanks* qu'elles ont créés, ainsi que les fondations d'entreprise qu'elles ont suscitées, soit au total 81 organisations.

La deuxième opération a consisté à identifier les activités mises en œuvre par ces différents acteurs, notamment le type de cadrages cognitifs promus par la filière en matière de nutrition, ainsi que les organisations et individus mobilisés pour faire valoir leurs intérêts dans les espaces où les décisions et les politiques publiques s'élaborent. Depuis les années 1970, une littérature issue des sciences de la gestion s'intéresse aux liens entre les entreprises du secteur agro-alimentaire et le champ politique[49]. Ces travaux cherchent à décrire et à comprendre les raisons de l'engagement des entreprises dans des activités orientées vers les décideurs politiques, ainsi que les modalités de ces engagements. Les activités, couronnées ou non de succès, mises en œuvre par les entreprises pour façonner l'action publique y sont inventoriées, sous l'appellation de *« business political activity*[50] *»* ou de *« corporate political activity*[51] *»*. Ces travaux se focalisent sur les pratiques des entreprises sans se soucier directement de leurs effets, et échappent ce faisant aux difficultés auxquelles se heurtent les concepts de capture et d'influence, qui partent d'une étude des liens entre des activités privées et la décision publique.

Les travaux des sciences de la gestion proposent en outre une typologie des actions politiques des entreprises, première grille de lecture qui rend possible l'observation empirique structurée des activités des industries de l'agro-alimentaire en France. Ce souci de classifier les activités politiques des entreprises montre combien elles sont prolifiques. Leurs activités directes, loin de se limiter aux arènes administratives, législatives ou exécutives, sont complétées par des activités indirectes, qui s'étendent à la société civile, au domaine scientifique ou aux médias : en façonnant l'opinion, les industriels exercent une pression indirecte sur les élus et les décideurs publics. Dans le travail en direction de l'opinion publique, des chercheurs et d'autres experts viennent souvent renforcer la crédibilité de leurs argumentaires – une stratégie pouvant être qualifiée de « réputationnelle »[52].

Ces activités, classées par catégories, fournissent la cartographie la plus précise possible, en fonction des informations disponibles, des acteurs identifiés. Plusieurs travaux ayant proposé des catégorisations de ce type[53], nous avons adapté ces propositions afin de construire notre taxonomie des activités politiques de l'industrie agro-alimentaire. Elle constitue le point de départ d'une analyse susceptible d'élargir ensuite la classification initiale.

La première stratégie identifiée par ces auteurs concerne l'information. Il s'agit pour les organisations de l'industrie de produire de l'information, vraie ou fausse, sensibilisant les décideurs aux conséquences de certaines décisions politiques, de leurs effets en termes d'emploi par exemple, ou de produire des études contestant des arguments scientifiques mettant en évidence les effets négatifs de produits contestés. Le deuxième type de stratégie identifié est celui de la « construction d'alliances » *(constituency building)* avec des organisations de la société civile visant à convaincre des bienfaits de positions défendues par l'industrie. Il s'agit de faire circuler des messages et des positions en dehors des arènes de décision politique. La troisième stratégie, consiste à présenter des « incitations financières » aux décideurs.

L'exemple le plus classique consiste à financer un parti politique. Comme le soulignent Savell et Hernández-Aguado, d'autres démarches se traduisent par la distribution de cadeaux ou d'avantages, voire d'offres d'emploi. Les invitations à des spectacles entrent dans cette catégorie.

Savell et Mialon complètent cette catégorisation par trois autres grandes stratégies, qu'ils ont observées dans l'industrie du tabac aux États-Unis et dans le secteur de l'agro-alimentaire en Australie. Les industriels peuvent décider de se substituer au législateur ou au régulateur en développant des alternatives aux politiques publiques en cours de construction, par exemple en développant leur propre label écologique. Une cinquième stratégie consiste à contester des politiques ou des mesures réglementaires sur le terrain de la légalité, à l'aide de recours en justice. Elle est souvent efficace par la simple formulation, sans avoir besoin d'être mise en œuvre. La dernière stratégie vise à fragmenter et à déstabiliser des opposants en les discréditant, en dénonçant de potentielles divergences au sein d'une opposition… Relèvent de cette stratégie les menaces et pressions exercées sur une personne, telles qu'Hernández-Aguado et Chilet les ont identifiées en étudiant l'industrie pharmaceutique en Espagne.

		Modalités	Exemples	Cibles
Activités politiques de l'industrie	Stratégies	Information	Participation à des groupes de concertation, des auditions parlementaires Production et diffusion de recherche scientifique Organisation de conférences et débats en direction des parlementaires Rendez-vous avec les élus	Décideurs
		Construction d'alliances	Création de liens avec des sociétés savantes Création de liens avec des journalistes Création de liens avec des ONG Création d'alliances avec d'autres secteurs économiques Création d'alliances avec d'autres syndicats patronaux Communication via les médias (communiqués de presse, tribunes de journaux, etc.) Création de groupes écrans Financement d'activités philanthropiques	Non-décideurs
		Incitations financières	Proposition d'embauche, ou embauche Cadeaux Invitation à des événements sportifs, des spectacles, des voyages	Décideurs et entourage
		Substitution au politique	Promotion de l'autorégulation (labels, codes) Promotion d'une régulation « molle » en finançant des programmes d'activité physique, d'éducation et autres instruments fondés sur la responsabilisation de l'individu Promotion des instruments d'action publique alternatifs	Décideurs et non-décideurs (indirecte)
		Légale	Menaces de procès Action en justice	Décideurs et non-décideurs
		Fragmentation et déstabilisation	Menaces et pressions directes sur des individus Discrédit des décideurs et/ou opposants *via* des accusations de toute sorte Communication sur les clivages existants ou imaginaires au sein des opposants	Décideurs et non-décideurs

Synthèse des activités politiques des entreprises (APE)
Source : Tableau élaboré par les auteurs à partir des travaux cités (Hillman, 1999 ; Savell, 2014 ; Mialon, 2015 ; Hernández-Aguado et Chilet-Rosell, 2018).

Terrains et recueil d'informations

Pour identifier les activités politiques de l'industrie agro-alimentaire en France, les acteurs de ces activités et leurs réseaux, ainsi que la distribution des ressources de pouvoir au sein de cette industrie, deux méthodes de recueil des données empiriques ont été mobilisées, à la fois qualitatives et quantitatives.

Tout d'abord, nous avons travaillé à partir d'entretiens semi-directifs (65) et d'analyses de documents produits par l'industrie lors de trois séquences liées à la politique nutritionnelle. La première séquence sur laquelle nous avons enquêté est le déroulement des États généraux de l'alimentation. Cet espace de concertation a été présenté par le gouvernement comme un lieu de rencontre entre parties prenantes et comme la première étape pour l'élaboration de la loi dite « loi Alimentation », ou « Égalim », votée en 2018. Cette séquence démarre en juillet 2017 et se termine en janvier 2018, date de publication de la loi. Le deuxième objet de notre enquête est le logo Nutri-score, une séquence qui s'ouvre en janvier 2014 avec la remise d'un rapport du professeur Hercberg à la ministre de la Santé Marisol Touraine et se poursuit jusqu'à la fin de l'année 2018. Le troisième moment observé, plus ancien et moins central dans notre travail de terrain, est celui des discussions, en 2008, sur la possibilité d'interdire la publicité des produits trop gras, trop sucrés et trop salés dans les programmes télévisés pour enfants. Cette séquence commence en mai 2008, avec une annonce de la ministre de la Santé sur la possible interdiction de ces publicités, et se termine en février 2009, quand le gouvernement décide que la mesure sera laissée à l'appréciation des entreprises, sans relever de la loi. Ces trois séquences ont permis d'élaborer une analyse s'inscrivant dans le temps long d'une politique, afin de privilégier une investigation empirique en cohérence avec l'hypothèse du champ organisationnel, lequel fait référence à des activités, des réseaux, des cadres cognitifs qui jouissent d'une certaine stabilité.

Les enquêtes ont d'abord exploré les séquences politiques à partir de différents espaces sociaux afin d'identifier des intervenants dans les arènes décisionnaires liées à l'action publique : cabinets ministériels, Direction générale de la santé, Assemblée nationale, commissions parlementaires, programme national Nutrition santé. Les intervenants dans des agences ou des instances participant à la production d'avis scientifiques ont aussi été pris en compte : Anses, Haut Conseil en santé publique, Santé publique France. Le troisième type d'acteurs sollicités est celui des responsables des questions d'alimentation et de nutrition au sein d'ONG actives lors des séquences observées. Des chargés d'affaires publiques et réglementaires de l'industrie agro-alimentaire ayant été au centre de la défense des positions prises par l'industrie ont aussi été sollicités. Nous avons, pour finir, pris en compte des journalistes chargés des questions d'alimentation et de nutrition.

Cette méthode de recherche a permis d'établir un panorama des activités politiques mises en œuvre par l'industrie agro-alimentaire dans différentes arènes institutionnelles. Grâce à son caractère qualitatif, des modalités d'action telles que les pratiques de pression directe sur les décideurs publics ont été appréhendées. Cette première méthode a fait émerger, à partir des connaissances des acteurs de terrain, les ressorts de l'action des organisations de la filière dans différentes arènes – des lieux et des modalités d'action souvent « invisibles » de l'extérieur. Ce travail s'est accompagné de l'analyse détaillée de documents produits par les organisations de la filière pour la défense de leurs intérêts en matière de nutrition lors de ces séquences politiques, de 2009 à 2018, avec l'objectif de saisir les cadrages cognitifs mobilisés. Nous avons ainsi collecté un riche matériau empirique, dont nous rendons compte à travers des citations anonymisées et des extraits de documents qui illustrent certaines stratégies et activités.

Une fois établi un premier panorama des stratégies d'action en fonction des lieux ainsi que des cadrages cognitifs mobilisés, il était nécessaire de formaliser ces observations en les associant aux réseaux d'organisations et d'individus mobilisés.

Disposer de données quantifiées et comparables sur la diversité de l'industrie agro-alimentaire impliquait de s'éloigner d'une approche qualitative fondée sur les expériences des acteurs. Il fallait identifier des indicateurs permettant de mesurer l'étendue et le volume de ces activités politiques. Compter les activités individuelles était problématique, car non seulement elles sont très nombreuses, mais leur diversité les rend difficilement comparables, ce qui pouvait constituer un biais important dans l'analyse. En effet, une activité politique est aussi bien la rédaction d'un éditorial dans une revue professionnelle que la mise en place d'une chaire universitaire, deux actions qui n'ont ni le même coût ni sans doute le même impact, auxquelles il est difficile d'accorder la même valeur. Pour contourner ce problème d'hétérogénéité des activités, nous avons retenu les « liens directs » de chaque organisation comme indicateur de l'intensité et de l'étendue de ses activités politiques. Ces liens, qui traduisent des relations publiques et durables, ont permis une meilleure comparabilité entre acteurs. Ils ont également été précieux pour identifier les réseaux constituant le champ organisationnel étudié et analyser les propriétés de ces réseaux – densité, centralité, positions clés, etc.

Une veille des sites Web et des comptes Twitter de chacune des entreprises de notre échantillon a permis de repérer les organisations et les individus associés aux instances de la filière dans la mise en œuvre d'activités politiques. Ce travail a été complété par une collecte de données publiques diverses. Conformément à la réglementation, ces données individuelles ont fait l'objet d'une déclaration à des fins de recherche et ont été systématiquement anonymisées. Plus concrètement, il s'agissait de déterminer pour chacune des organisations si elle était représentée dans différentes arènes où s'élaborent les politiques en matière de nutrition et de santé : l'Assemblée nationale, les groupes de concertation du ministère de l'Agriculture, le Conseil national de l'alimentation, le Conseil national de la consommation, le conseil d'administration de l'Anses et enfin le GEMRCN (Groupement d'étude des marchés en restauration collective et de nutrition), l'instance chargée, jusqu'en 2016, de définir des orientations nutritionnelles dans la composition des menus de la restauration collective. Les sites de ces institutions ont fourni des informations utiles.

Grâce à ces méthodes qualitatives et quantitatives, une importante somme d'informations sur les activités politiques des entreprises du secteur agro-alimentaire en France a été recueillie. Elles nous ont permis d'isoler de manière analytique les réseaux d'acteurs tissés par les organisations de la filière agro-alimentaire, leurs activités et les ressources dont elles disposent pour les mettre en œuvre.

Champ organisationnel

Les organisations de la filière impliquées dans la mise en œuvre des activités politiques n'agissent cependant pas de manière isolée. Elles interviennent dans un champ organisationnel structuré par des réseaux d'acteurs, collectifs et individuels, qu'il est possible de reconstituer. Toute la difficulté est cependant de mettre au jour les éléments constitutifs de ce champ organisationnel de manière cohérente.

Les logiques et les principaux éléments ont été reconstitués à l'aide de méthodes qualitatives et quantitatives. Mais c'est, rappelons-le, en nous limitant à la notion de « liens directs » que nous avons réussi à construire cette représentation – véritable cartographie des activités politiques des entreprises du secteur agro-alimentaire. Le « lien direct » se définit par les seules relations institutionnelles, publiques et durables dans le temps, entre des organisations économiques (ou des organisations satellites), d'une part, et des acteurs, collectifs ou individuels, impliqués dans la mise en œuvre des activités politiques, d'autre part. Par exemple, un « lien direct » est constaté lorsqu'un acteur économique siège officiellement dans un groupe de concertation piloté par une administration ; lorsqu'un chercheur fait publiquement partie d'un comité ou d'un groupe d'experts mis en place par l'acteur économique. Les financements ponctuels d'organisations accordés par la filière à des chercheurs ou à des instances de recherche n'ont pas été pris en compte, faute de registre répertoriant ce type d'informations de manière systématique. En somme, il s'est agi pour nous d'identifier des liens institutionnels entre des acteurs économiques et d'autres univers sociaux, se traduisant par la formalisation de partenariats ou de collaborations récurrents et durables.

Forte des éléments quantitatifs et qualitatifs recueillis et de la mise en évidence d'un champ organisationnel, l'enquête a dès lors été en mesure d'identifier des professionnels intervenant dans le domaine des affaires publiques, dont le parcours personnel a été reconstitué. Les résultats que nous présentons sont ainsi issus de l'analyse du parcours de 45 individus occupant des postes à responsabilités en matière d'affaires publiques dans les organisations de notre échantillon, et des responsables alimentation et nutrition des ONG françaises travaillant sur ces questions, des responsables des affaires réglementaires dans l'industrie. Leurs trajectoires professionnelles diffèrent selon les espaces où ils évoluent et les organisations spécialisées au sein desquelles ou avec lesquelles ils travaillent. Bien que de taille modeste, cet ensemble permet, en quantifiant certains éléments de ces parcours, de dégager d'intéressantes tendances. Concrètement, nous avons analysé les diplômes de licence et de master de ces 45 individus, l'absence ou la présence d'une expérience professionnelle de plus d'un an dans une institution politique (cabinet ministériel, Assemblée nationale, Sénat, collectivité territoriale), leur spécialisation académique au niveau master, les universités où ils ont étudié en licence et en master. La dernière variable prise en compte est le type de carrière professionnelle, dans le secteur privé, le secteur public ou le tiers-secteur.

ANNEXE 2 : GRAPHIQUES ET TABLEAUX

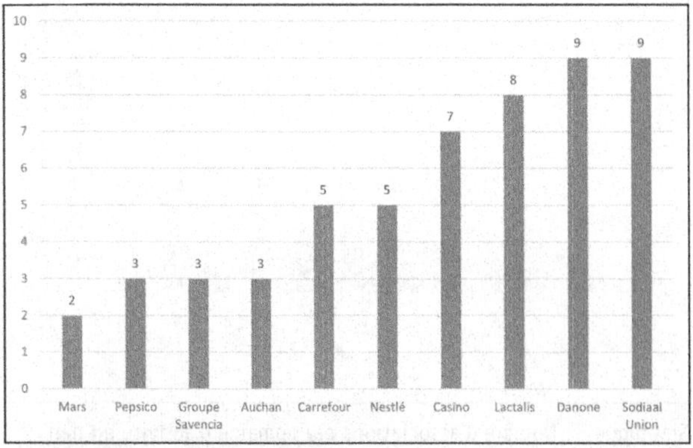

Graphique 1 : Présence des entreprises dans des organisations de représentation d'intérêts.
Source : Auteurs.

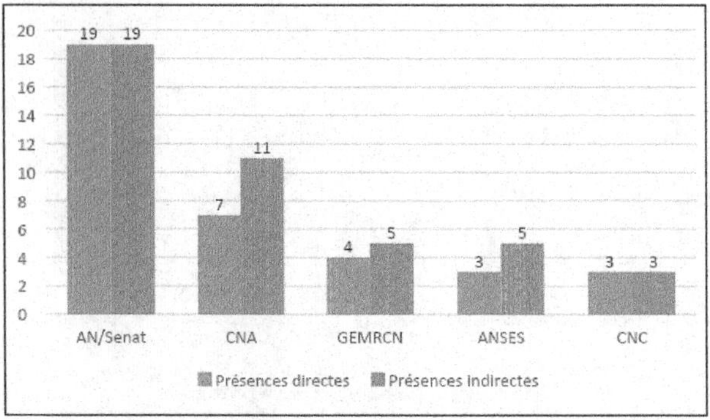

Graphique 2 : Présence des représentants d'intérêts dans les arènes étatiques (2018).
Source : Auteurs.

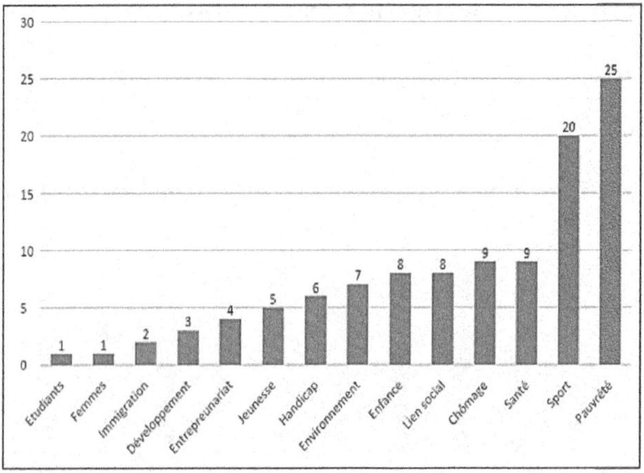

Graphique 3 : Nombre d'associations par domaine d'activité en lien avec l'agro-alimentaire (2018).
Source : Auteurs.

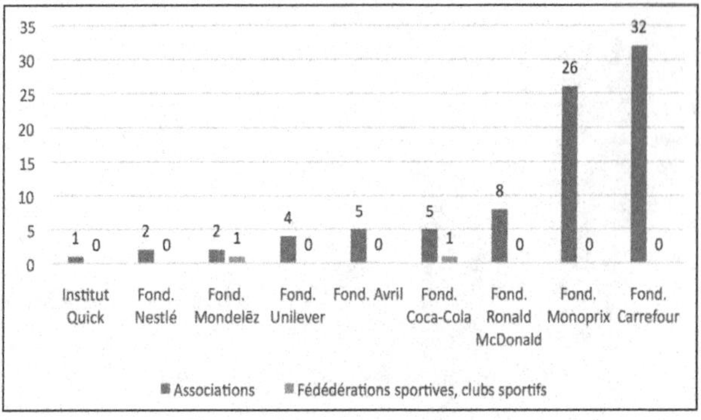

Graphique 4 : Partenariats des fondations avec des organisations du secteur non marchand (2018).
Source : Auteurs.

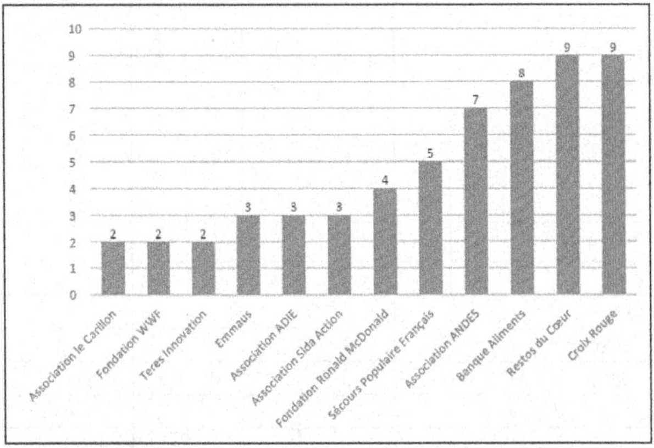

Graphique 5 : Associations et ONG les plus investies par le secteur agro-alimentaire (2018).
Source : Auteurs.

ENCADRÉ MÉTHODOLOGIQUE

La base de données présente horizontalement les entreprises du secteur agro-alimentaire et verticalement le nombre de liens, classés par type d'organisation (associations, *think tanks*, représentants d'intérêts, instances étatiques, collectivités territoriales et fédérations sportives). Dans les cases figure le nombre de liens identifiés. Au total, six variables (types d'institutions liées aux entreprises et mettant en œuvre des activités politiques) sont utilisées pour analyser les entreprises du secteur agro-alimentaire de l'échantillon. Chacune des variables a été classée dans une des trois grandes catégories d'activités politiques : cognitives, relationnelles ou symboliques. Dans les *think tanks*, la recherche, les universités, les sociétés savantes et les congrès sont mis en œuvre des activités d'ordre cognitif. Les institutions étatiques (État, agences d'expertise, Assemblée nationale, Sénat) ainsi que les groupes écrans et les représentants d'intérêts sont la cible des activités relationnelles. Enfin, associations

Entreprises	Cognitives		Relationnelles			Symboliques
	Think tank – Fondations	Chercheurs – Universités – Sociétés savantes – Congrès	État-agence – AN-Sénat	Groupe écran	Représentants intérêt	Associations – ONG
Mars	1	1	1	0	3	2
Aldi	0	0	0	0	1	0
Auchan	1	2	1	1	1	1
Carrefour	2	3	1	0	1	10
Casino	2	3	0	0	1	5
Coca-Cola	1	1	2	0	1	4
Compass Group	0	0	0	0	1	0
Danone	3	8	1	0	7	1
Dupont Restauration	0	0	2	1	1	0
E. Leclrerc	0	0	1	0	0	2
Elior	0	0	2	0	1	3
Ferrero	0	2	1	1	0	4
Avril	1	1	1	0	1	0
Bigard	0	0	0	0	1	0
Holder	0	0	0	0	1	0
Lactalis	1	3	2	1	7	0
Le Duff	0	1	0	0	1	0
Savencia	0	0	1	0	4	0
Terrena	0	0	0	1	0	0
Lidl	0	0	0	0	1	3
McDonald's France	1	0	0	0	1	0
Mondelēz	3	2	0	1	5	1
Nestlé	4	4	2	1	7	8
PepsiCo	0	1	1	0	4	5
Quick	0	0	0	0	1	0
Sodexo	0	0	2	0	1	1
Sodiaal Union	0	1	1	1	4	3
Système U	1	0	0	0	0	0
Tereos	2	2	2	0	1	0
Unilever	1	3	0	1	2	3
Yum (KFC, Pizza Hut)	1	0	2	0	1	2

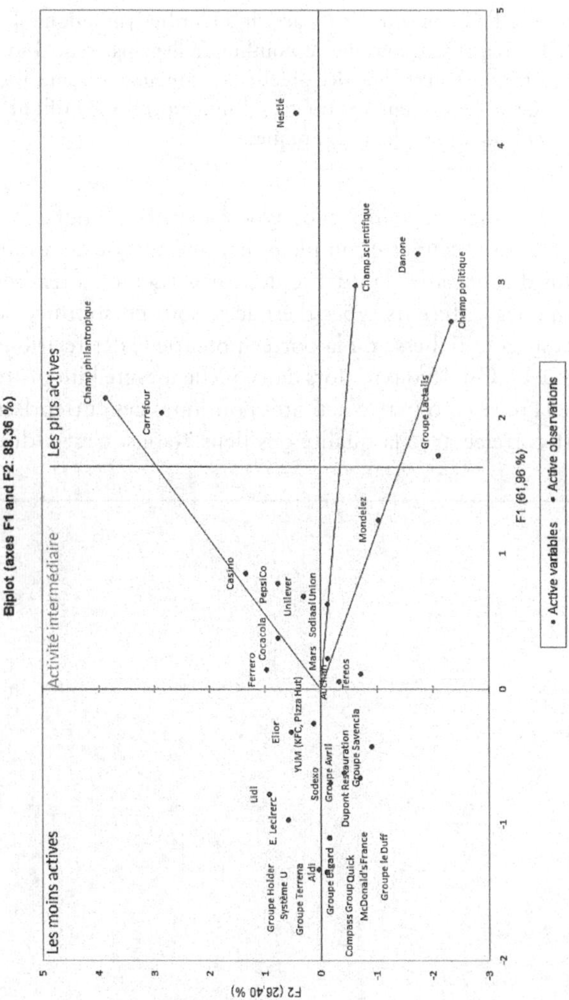

Graphique 6 : Graphique symétrique des activités politiques des entreprises de l'agro-alimentaire (2018) établi d'après la base de données ci-contre.
Source : Auteurs.

et ONG concentrent les activités d'ordre symbolique. En conséquence, compter le nombre de liens par type d'institution donne une idée précise des domaines où sont installées les entreprises, qu'il s'agisse d'espaces scientifiques, politiques ou philanthropiques.

L'analyse du volume et du type d'activités politiques des entreprises peut être complétée par une analyse de réseau afin de connaître la qualité des investissements réalisés dans les différents types d'espaces, soit, en somme, de mesurer la richesse ou la portée potentielle des relations nouées. On découvre alors dans quelle mesure l'intensité de la mise en œuvre d'activités politiques des entreprises est corrélée avec la qualité des liens établis, c'est-à-dire

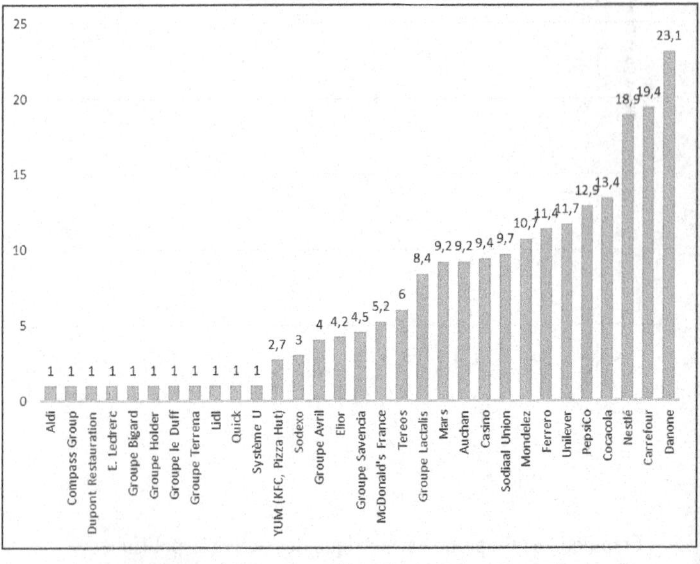

Graphique 7 : Reach (en %) des entreprises de l'agro-alimentaire (2018).
Source : Auteurs.

avec la capacité à se connecter avec des individus donnant accès à un grand nombre d'autres acteurs dans le réseau. La métrique *reach* permet de calculer le pourcentage d'instances du réseau susceptibles d'être atteintes par une entreprise à partir de ses liens de premier et deuxième degrés. Ce type d'analyse confirme qu'il existe une corrélation entre le niveau d'activité politique d'une entreprise et le nombre de membres du réseau à leur portée. Dans notre échantillon, Danone, Carrefour et Nestlé peuvent entrer en contact avec plus de 18 % des instances du réseau composant le champ organisationnel étudié (graphique 7). Lactalis semble en revanche déroger à cette règle : l'entreprise laitière a un *reach* assez médiocre, de 8,4 %, malgré un niveau d'activité politique très élevé. Son influence au sein du réseau semble moindre que celle des autres champions de l'influence dans le secteur agroalimentaire que sont Danone, Nestlé et Carrefour.

LISTE DES SIGLES

AN : Assemblée nationale
Anca : Chaire Alimentation, nutrition, comportement alimentaire
Andes : Association nationale des élus en charge du sport
Ania : Association nationale des industries alimentaires
Anses : Agence nationale de sécurité sanitaire de l'alimentation, de l'environnement et du travail
APCA : Chambres d'agriculture France
Cedus : Centre d'étude et de documentation du sucre
Cerin : Centre de recherche et d'information nutritionnelles
CGB : Confédération générale des planteurs de betteraves
Cirad : Centre de coopération internationale en recherche agronomique pour le développement
CNA : Conseil national de l'alimentation
CNC : Conseil national de la consommation
CNDS : Centre national pour le développement du sport
Cniel : Centre national interprofessionnel de l'économie laitière
CNRS : Centre national de la recherche scientifique
Credoc : Centre de recherche pour l'étude et l'observation des conditions de vie
CSA : Conseil supérieur de l'audiovisuel
EHESS : École des hautes études en sciences sociales
ENA : École nationale d'administration
FCD : Fédération du commerce et de la distribution
FDSEA : Fédération départementale des syndicats d'exploitants agricoles
FFAS : Fonds français pour l'alimentation et la santé
FFF : Fédération française de football
FITG : Fondation pour l'innovation et la transmission
FNE : France Nature Environnement
FNPL : Fédération nationale des producteurs de lait

FNSEA : Fédération nationale des syndicats d'exploitants agricoles
GEMRCN : Groupement d'étude des marchés en restauration collective et nutrition
HEC : École des hautes études commerciales
Inpes : Institut national d'éducation et de prévention pour la santé
Inrae : Institut national de recherche pour l'agriculture, l'alimentation et l'environnement
JA : Jeunes agriculteurs
Loi Égalim : Loi Agriculture et Alimentation
Medef : Mouvement des entreprises de France
MIT : Massachusetts Institute of Technology
Ocha : Observatoire Cniel des habitudes alimentaires
PNNS : Programme national nutrition santé
SENS : Système d'étiquetage nutritionnel simplifié du goût
SNFS : Syndicat national des fabricants de sucre
UDI : Union des démocrates et indépendants
WWF : Fonds mondial pour la nature

NOTES

1. Voir D. Benamouzig & J. Blanck, *La Controverse sur les logos nutritionnels*, Rapport de recherche, Paris, Sciences Po, 2018.
2. Voir B. Hauray, « Dispositifs de transparence et régulation des conflits d'intérêts dans le secteur du médicament », *Revue française d'administration publique*, 165, 2018, p. 49-61. https://doi.org/10.3917/rfap.165.0049.
3. Voir M. Gross & L. McGoey (dir.), *Routledge International Handbook of Ignorance Studies*, Londres, Routledge, 2015 ; D. Michaels, *Doubt is Their Product*, New York, Oxford University, 2008 ; N. Oreskes & E.M. Conway, *Les Marchands de doute*, Paris, Le Pommier, 2012 ; R.N. Proctor, *Cancer Wars : How Politics Shapes What We Know and Don't Know About Cancer*, New York, Basic Books, 1996 ; R.N. Proctor, « The history of the discovery of the cigarette–lung cancer link : evidentiary traditions, corporate denial, global toll », *Tobacco Control*, 21 (2), 2012, p. 87-91.
4. Voir, entre autres travaux : H. Boullier & E. Henry, « L'expertise chimique sous emprise industrielle. Quand la gestion des conflits d'intérêts masque inégalités et rapports de pouvoir », *Sciences sociales et santé*, 38 (3), 2020, p. 49-76 ; E. Henry, *La Fabrique des non-problèmes. Ou comment éviter que la politique s'en mêle*, Paris, Presses de Sciences Po, 2021 ; J.-P. Gaudillière, « Conflits d'intérêts, science industrielle et expertise dans les controverses américaines sur les usages des hormones sexuelles », *Sciences sociales et santé*, 38 (3), 2020, p. 21-47 ; J.-N. Jouzel, *Pesticides. Comment ignorer ce que l'on sait*, Paris, Presses de Sciences Po, 2019.
5. Voir C. Benoît, « The new political economy of regulation », *French Politics*, 17 (4), 2019, p. 482-499.
6. Voir P. France & A. Vauchez, *Sphère publique, intérêts privés. Enquête sur un grand brouillage*, Paris, Presses de Sciences Po, 2017.
7. Voir M. Mialon, *Big Food & Cie. Comment la recherche du profit à tout prix nuit à notre santé*, Paris, Thierry Souccar, 2021 ; C. Boubal, « L'art de ne pas gouverner les conduites. Étude de la conception des campagnes de prévention en nutrition »,

Revue française de sociologie, 60 (3), 2019, p. 457-481 ; T. Bossy, *Poids de l'enjeu, enjeu de poids. La mise sur agenda de l'obésité en Angleterre et en France*, thèse de doctorat en science politique, Paris, Sciences Po, 2010 ; L. Séguy, *De la nutrition à l'étiquetage nutritionnel. Une histoire de la domestication marchande et politique des nutriments*, thèse de sociologie, université Toulouse II-Le Mirail, 2014.

8. Voir Ch. Perrow, *Organizing America : Wealth, Power, and the Origins of Corporate Capitalism*, Princeton, Princeton University Press, 2002 ; S.R. Clegg, D. Courpasson & N. Phillips, *Power and organizations*, Londres, Sage, 2006 ; M.N. Zald & M. Lounsbury, « The wizards of Oz : Towards an institutional approach to elites, expertise and command posts », *Organization Studies*, 31 (7), 2010, p. 963-996 ; E.T. Walker, *Grassroots for Hire : Public Affairs Consultants in American Democracy*, Cambridge/New York, Cambridge University Press, 2014.
9. Voir P. DiMaggio, « Constructing an organizational field as a professional project : US art museums, 1920-1940 », *in* W. Powell & P. DiMaggio, *The New Institutionalism in Organizational Analysis*, Chicago, Chicago University Press, 1991, p. 267-292 ; S.R. Barley, « Building an institutional field to corral a government : A case to set an agenda for organization studies », *Organization Studies*, 31 (6), 2010, p. 777-805.
10. T. Bartley, « How foundations shape social movements : The construction of organizational field and the rise of forest certification », *Social Problems*, 54 (3), 2007, p. 249.
11. Pour une description détaillée du cadre conceptuel et du dispositif de recherche, lire l'annexe méthodologique proposée à la fin de l'ouvrage. Voir aussi J. Cortinas & D. Benamouzig, « Mesurer l'influence ? Une méthode de quantification des activités politiques des entreprises du secteur agro-alimentaire en France », *Bulletin de méthodologie sociologique*, 147 (1-2), 2020, p. 122-149.
12. G. Sacks, B. Swinburn, V. Kraak, S. Downs, C. Walker, S. Barquera & S. Kumanyika, « A proposed approach to monitor private sector policies and practices related to food environments, obesity and non communicable disease prevention », *Obesity Reviews*, 14 (S1), 2013, p. 39.

13. *Op. cit.*, p. 41.
14. Voir H. Bergeron, P. Castel & A. Saguy, « When frames (don't) matter : querying the relationship between ideas and policy », *LIEPP Working Paper*, 18, 2014, p. 1-44.
15. En plus des travaux de Proctor, Gross et McGoey déjà cités, voir : É. Counil & E. Henry, « Produire de l'ignorance plutôt que du savoir ? L'expertise en santé au travail », *Travail et Emploi*, 148 (4), 2016, p. 5-29.
16. J. Lexchin, L.A. Bero, B. Djulbegovic & O. Clark, « Pharmaceutical industry sponsorship and research outcome and quality : systematic review », *BMJ*, 326 (7400), 2003, p. 1167-1170.
17. Voir D.E. Barnes & L.A. Bero, « Why review articles on the health effects of passive smoking reach different conclusions », Jama, 279 (19), 1998, p. 1566-1570 ; D.B. Resnik, *The Price of Truth : How Money Affects the Norms of Science*, Oxford, Oxford University Press, 2007 ; P. Meneton, « L'aveuglement de la communauté scientifique et des agences sanitaires », *Biofutur*, 320, 2011, p. 52-53.
18. « Avant-propos » des *Cahiers de nutrition et de diététique*, vol. 52, suppl. 1, 2017, publié en ligne : https://www.sciencedirect.com/journal/cahiers-de-nutrition-et-de-dietetique/vol/52/suppl/S1.
19. Voir M. Mialon, B. Swinburn & G. Sacks, « A proposed approach to systematically identify and monitor the corporate political activity of the food industry with respect to public health using publicly available information », *Obesity Reviews*, 16 (7), 2015, p. 519-530.
20. Voir D. Michaels, *Doubt is…*, *op. cit.*
21. Voir A. Thébaud-Mony, *La Science asservie*, Paris, La Découverte, 2014 ; N. Oreskes & E.M. Conway, *Les Marchands…*, *op. cit.* ; E.K. Ong & S.A. Glantz, « Constructing "sound science" and "good epidemiology" : tobacco, lawyers, and public relations firms », *American Journal of Public Health*, 91 (11), 2001, p. 1749-1757.
22. Comité des salines de France, « La restriction sodée généralisée augmente le risque de mortalité cardiovasculaire », communiqué, mars 2006.

23. Conférence du FFAS, mars 2019, consultable ici : https://www.youtube.com/watch?v=De0KsAALsqs.
24. Voir H. Bergeron, P. Castel & A. Saguy, « A french paradox? Toward an explanation of inconsistencies between framing and policies », *French Politics, Culture & Society*, 37 (2), 2019, p. 110-130.
25. Cerin, « Non, je ne veux pas de cette prévention-là », *Chloé-doc*, 140-141, 2014, p. 2.
26. Voir G. Markowitz & D. Rosner, *Deceit and Denial : The Deadly Politics of Industrial Pollution*, 6, Berkeley, University of California Press, 2013.
27. Discours d'ouverture, par le directeur du FFAS, de la 36e conférence scientifique, consacrée à la diversité alimentaire, en mars 2018.
28. L. Fargues, « Comment les patrons de chaînes tentent de bloquer l'apparition du Nutri-score à la télévision », *Challenges* (en ligne), 23 mai 2018.
29. Communiqué de presse de la Coop de France, mai 2018.
30. Communication de la Confédération française de la boucherie, mai 2018.
31. A. de Danne, « Rapport sur la prévention et la prise en charge de l'obésité », décembre 2009.
32. Voir J.-P. Poulain, « Socio-anthropologie du "fait alimentaire" ou *food studies*. Les deux chemins d'une thématisation scientifique », *L'Année sociologique*, 67 (1), 2017, p. 23-46.
33. La formulation « présence indirecte » désigne la présence en qualité d'expert au sein des instances étatiques d'un individu ayant par ailleurs des liens institutionnels avec une organisation de représentation d'intérêts du secteur.
34. Voir P. Bourdieu & M. de Saint-Martin, « Le patronat », *Actes de la recherche en sciences sociales*, 20-21, 1978, p. 3-82 ; P. François & C. Lemercier, « Une financiarisation à la française », *Revue française de sociologie*, 57 (2), 2016, p. 269-320 ; L. Rouban, « La norme et l'institution : les mutations professionnelles des énarques de 1970 à 2010 », *Revue française d'administration publique*, 151-152, 2014, p. 719-740.
35. Voir T. Depecker, M.-O. Déplaude & N. Larchet, « La philanthropie comme investissement. Contribution à l'étude des

stratégies de reproduction et de légitimation des élites économiques », *Politix*, 121 (1), 2018, p. 9-27.

36. Voir D. Fassin, *La Raison humanitaire. Une histoire morale du temps présent*, Paris, Gallimard, 2010.
37. Voir G. Mauger, « Les politiques d'insertion. Une contribution paradoxale à la déstabilisation du marché du travail », *Actes de la recherche en sciences sociales*, 136-137, 2001, p. 5-14.
38. Voir P. Hassenteufel, *Sociologie politique de l'action publique*, Paris, Armand Colin, 2021, p. 270.
39. Voir L. McGoey, « The philanthropic state : Market–state hybrids in the philanthrocapitalist turn », *Third World Quarterly*, 35 (1), 2014, p. 109-125 ; S. Rozier, « Les générosités obligées. Mutations des politiques sociales et mécénat des entreprises dans la France des années 1990 », *in* M. Hély & M. Simonet (dir.), *Le Travail associatif*, Paris, Presses universitaires de Paris-Ouest, 2013, p. 127-140 ; T. Depecker, M.-O. Déplaude & N. Larchet, « La philanthropie... », art. cit.
40. N. Landry, *Slapp. Bâillonnement et répression judiciaire du discours politique*, Montréal, Écosociété, 2012.
41. Voir E. Goffman, *Stigmate. Les usages sociaux des handicaps*, Paris, Minuit, 1975 ; M.-O. Déplaude, « Les infortunes de la vertu. Sociologie d'un répertoire d'action patronal », *Sociologie du travail*, 56 (4), 2014, p. 411-434.
42. Voir A. Robinet, J.-P. Stahl & T. Elobo, « Bordeaux : nouveau revers judiciaire pour Valérie Murat dans l'affaire qui l'oppose au CIVB », francetvinfo.fr, 10 /11/2021.
43. Ania, Lettre de Jean-Philippe André à Marisol Touraine, 25 septembre 2015.
44. Voir J. Cortinas & D. Benamouzig, « Mesurer l'influence ?... », *Bulletin of sociological methodology/Bulletin de méthodologie sociologique*, 147(1-2), 2020, art. cit, p. 122-149.
45. Voir Welcome to Danone Nutricia Research, https://www.nutriciaresearch.com.
46. Voir « Nutrition Publications », nestlenutrition-institute.org.
47. Voir G. Sacks, B. Swinburn, V. Kraak, S. Downs, C. Walker, S. Barquera & S. Kumanyika, « A proposed approach... », art. cit.
48. *Ibid.*, p. 41.

49. Voir A.J. Hillman & M.A. Hitt, « Corporate political strategy formulation : A model of approach, participation and strategy decisions », *Academy of Management Review*, 24, 1999, p. 825-842 ; A.J. Hillman, G.D. Keim & D. Schuler, « Corporate political activity : A review and research agenda », *Journal of Management*, 30, 2004, p. 837-857 ; T. Lawton, S. McGuire & T. Rajwani, « Corporate political activity : A literature review and research agenda », *International Journal of Management Reviews*, 15 (1), 2013, p. 86-105.
50. Voir B. Baysinger, « Domain maintenance as an objective of business political activity : An expanded typology », *Academy of Management Review*, 9, 1984, p. 248-258.
51. Voir B. Shaffer, « Firm-level responses to government regulation : Theoretical and research approaches », *Journal of Management*, 21, 1995, p. 495-514.
52. Voir M.-O. Déplaude, « Les infortunes de la vertu… », art. cit.
53. Voir A.J. Hillman & M.A. Hitt, « Corporate political strategy… », art. cit. ; A.J. Hillman, G.D. Keim & D. Schuler, « Corporate political activity : A review… », art. cit. ; E. Savell, A.B. Gilmore & G. Fooks, « How does the tobacco industry attempt to influence marketing regulations? A systematic review », *Plos One*, 9 (2), 2014, e87389 ; M. Mialon, B. Swinburn & G. Sacks, « A proposed approach… », art. cit. ; M. Mialon, B. Swinburn, S. Allender & G. Sacks, « Systematic examination of publicly-available information reveals the diverse and extensive corporate political activity of the food industry in Australia », *Global Health*, 12 (1), 2016 ; I. Hernández-Aguado & E. Chilet-Rosell, « Pathways of undue influence in health policy-making : A main actor's perspective », *Journal of Epidemiology and Community Health*, 72 (2), 2018, p. 154-159.

TABLE DES MATIÈRES

DANS LA MÊME COLLECTION [ISSN 1275-4285]

- Pierre Bourdieu, *Sur la télévision*, suivi de *L'Emprise du journalisme*, 1996

- Areser (Association de réflexion sur les enseignements supérieurs et la recherche), *Diagnostics et remèdes urgents pour une université en péril*, 1997

- Julien Duval, Christophe Gaubert, Frédéric Lebaron, Dominique Marchetti, Fabienne Pavis, *Le « Décembre » des intellectuels français*, 1998

- Pierre Bourdieu, *Contre-feux. Propos pour servir à la résistance contre l'invasion néolibérale*, 1998

- Keith Dixon, *Les Évangélistes du marché* [1998], nouvelle édition actualisée et augmentée, 2008

- Jacques Bouveresse, *Prodiges et vertiges de l'analogie*, 1999

- Loïc Wacquant, *Les Prisons de la misère* [1999], nouvelle édition actualisée et augmentée, 2015

- Keith Dixon, *Un digne héritier*, 2000

- Frédéric Lordon, *Fonds de pension, piège à cons ? Mirage de la démocratie actionnariale*, 2000

- Pierre Bourdieu, *Contre-feux 2. Pour un mouvement social européen*, 2001

- Rick Fantasia et Kim Voss, *Des syndicats domestiqués. Répression patronale et résistance syndicale aux États-Unis*, 2003

- Frédéric Lordon, *Et la vertu sauvera le monde… Après la débâcle financière, le salut par l'« éthique » ?*, 2003

- Christian de Montlibert, *Savoir à vendre. L'enseignement supérieur et la recherche en danger*, 2004

- Pierre Tévanian, *Le Voile médiatique. Un faux débat : « l'affaire du foulard islamique »*, 2005

- Pierre Rimbert, Libération *de Sartre à Rothschild*, 2005

- Éric Hazan, *LQR. La Propagande du quotidien*, 2006

- Bernard Convert, *Les Impasses de la démocratisation scolaire*, 2006

- Marie Bénilde, *On achète bien les cerveaux. La publicité et les médias*, 2007

– Raoul-Marc Jennar et Laurence Kalafatidès, *L'AGCS. Quand les états abdiquent face aux multinationales*, 2007

– Hervé Do Alto et Pablo Stefanoni, *Nous serons des millions. Evo Morales et la gauche au pouvoir en Bolivie*, 2008

– Alexis Spire, *Accueillir ou reconduire. Enquête sur les guichets de l'immigration*, 2008

– Frédéric Lordon, *Jusqu'à quand ? Pour en finir avec les crises financières*, 2008

– Walter Benn Michaels, *La Diversité contre l'égalité*, 2009

– François Denord et Antoine Schwartz, *L'Europe sociale n'aura pas lieu*, 2009

– Yves Gingras, *Propos sur les sciences*, 2010

– Laurent Cordonnier, *L'Économie des Toambapiks. Une fable qui n'a rien d'une fiction*, 2010

– François-Xavier Devetter et Sandrine Rousseau, *Du balai. Essai sur le ménage à domicile et le retour de la domesticité*, 2011

– P.É.C.R.E.S. *Recherche précarisée, recherche atomisée. Production et transmission des savoirs à l'heure de la précarisation*, 2011

– François Chesnais, *Les Dettes illégitimes. Quand les banques font main basse sur les politiques publiques*, 2011

– Rémi Lefebvre, *Les Primaires socialistes. La fin du parti militant*, 2011

– Franck Poupeau, *Les Mésaventures de la critique*, 2012

– Alexis Spire, *Faibles et puissants face à l'impôt*, 2012

– Ben Fine et Alfredo Saad-Filho, *Ca-pi-tal ! Introduction à l'économie politique de Marx*, 2012

– Michael Hardt et Antonio Negri, *Déclaration. Ceci n'est pas un manifeste*, 2013

– Yves Gingras, *Les Dérives de l'évaluation de la recherche. Du bon usage de la bibliométrie*, 2014

– Collectif Acides, *Arrêtons les frais ! Pour un enseignement supérieur gratuit et émancipateur*, 2015

– Gaëtan Flocco, *Des dominants très dominés. Pourquoi les cadres acceptent leur servitude*, 2015

– Patrick Champagne, *La Double Dépendance. Sur le journalisme*, 2016

– Bruno Tinel, *Dette publique : sortir du catastrophisme*, 2016

– François Denord et Paul Lagneau-Ymonet, *Le Concert des puissants*, 2016

– Étienne Ollion, *Métier : député. Enquête sur la professionnalisation de la politique en France*, 2017

– Dominique Lorrain, *L'urbanisme 1.0. Enquête sur une commune du Grand Paris*, 2018

– Laurent Kestel, *En marche forcée. Une chronique de la libéralisation des transports : SNCF, cars Macron et quelques autres*, 2018

– Bruno Amable et Stefano Palombarini, *L'Illusion du bloc bourgeois. Alliances sociales et avenir du modèle français*, 2018

– Pierre-André Juven, Frédéric Pierru et Fanny Vincent, *La Casse du siècle. À propos des réformes de l'hôpital public*, 2019

– Peter Dietsch, François Claveau et Clément Fontan, *Les Banques centrales servent-elles nos intérêts ?* 2019

– Verónica Gago, *Économies populaires et luttes féministes. Résister au néolibéralisme en Amérique du Sud*, 2020

– Laurent Cordonnier, *Pas de pitié pour les gueux. Sur les théories économiques du chômage* [2000], 2020

– Julien Duval, *Le Mythe du « trou de la Sécu »* [2007], 2020

– Olivier Maguet, *La Santé hors de prix : l'affaire Sovaldi*, 2020

– Marlène Benquet et Théo Bourgeron, *La Finance autoritaire. Vers la fin du néolibéralisme*, 2021

– Sophie Béroud et Martin Thibault, *En luttes ! Les possibles d'un syndicalisme de contestation*, 2021

– Laurent Denave, *S'engager dans la guerre des classes*, 2021

– Serge Halimi, *Les Nouveaux Chiens de garde* (1997), nouvelle édition augmentée, 2022

– Gilles Jeannot et Simon Cottin-Marx, *La Privatisation numérique. Déstabilisation et réinvention du service public*, 2022

Achevé d'imprimer en avril 2022
par Corlet Imprimeur à Condé-en-Normandie
Dépôt légal : 2e trimestre 2022
N° d'impression : 22030094